# essentials

*essentials* liefern aktuelles Wissen in konzentrierter Form. Die Essenz dessen, worauf es als „State-of-the-Art" in der gegenwärtigen Fachdiskussion oder in der Praxis ankommt. *essentials* informieren schnell, unkompliziert und verständlich

- als Einführung in ein aktuelles Thema aus Ihrem Fachgebiet
- als Einstieg in ein für Sie noch unbekanntes Themenfeld
- als Einblick, um zum Thema mitreden zu können

Die Bücher in elektronischer und gedruckter Form bringen das Expertenwissen von Springer-Fachautoren kompakt zur Darstellung. Sie sind besonders für die Nutzung als eBook auf Tablet-PCs, eBook-Readern und Smartphones geeignet. *essentials:* Wissensbausteine aus den Wirtschafts-, Sozial- und Geisteswissenschaften, aus Technik und Naturwissenschaften sowie aus Medizin, Psychologie und Gesundheitsberufen. Von renommierten Autoren aller Springer-Verlagsmarken.

Weitere Bände in der Reihe http://www.springer.com/series/13088

Wolfgang Saaman

# Leistungskultur im Fokus der digitalen Transformation

## Maschinen übernehmen keine Verantwortung

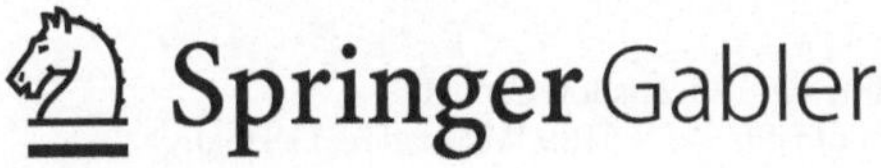

Wolfgang Saaman
Freiburg, Deutschland

ISSN 2197-6708 ISSN 2197-6716 (electronic)
essentials
ISBN 978-3-658-19795-7 ISBN 978-3-658-19796-4 (eBook)
https://doi.org/10.1007/978-3-658-19796-4

Die Deutsche Nationalbibliothek verzeichnet diese Publikation in der Deutschen Nationalbibliografie; detaillierte bibliografische Daten sind im Internet über http://dnb.d-nb.de abrufbar.

Springer Gabler

# Was Sie in diesem *essential* finden können

- Einen Überblick, wie die Digitale Transformation Unternehmen kulturell verändern muss und wird
- Einen Einblick in die Chancen, die sich mit der auf uns zukommenden Veränderung für Unternehmer, Führungsverantwortliche und aufgeschlossene Mitarbeiter bieten
- Zahlreiche Anregungen, wie Führende ihre Rolle neu definieren und damit wirkungsvoller führen können

# Vorwort

Wenn ich ein Buch lese, so möchte ich, dass es bald losgeht mit dem, was mir der Autor sagen will. Deshalb erwarte ich von einem Vorwort keinen Vorgriff auf den Inhalt. Und es soll kurz sein. Beim vorliegenden Werk handelt es sich nicht einmal um ein Buch, sondern um ein *essential,* weshalb ich mich zu besonderer Kürze verpflichtet fühle.

Die von mir zu lesenden Impulse verdanke ich als Berater meinen Auftraggebern und als Unternehmer meinen Mitarbeitern. In beiden Fällen habe ich, je nach Situation und meiner Einbindung, das Vergnügen oder die Last dessen zu tragen, was funktioniert und was danebengeht. Daraus habe ich gelernt, Ergebnisse wichtiger zu nehmen als Abläufe. Zu oft habe ich beobachten oder selbst erleben müssen, dass starke Anfänge in schwachen oder gar keinen Ergebnissen mündeten. Deshalb vermeide ich Inkonsequenz. Wo immer möglich. Wenn viele Anregungen auf mich einströmen, so picke ich mir die heraus, die ich definitiv ohne Wenn und Aber umsetzen werde. Vielleicht darf ich Sie als Leser schon jetzt dazu einladen, es ähnlich zu tun. Mit auf der Strecke bleibenden Vorhaben verlieren wir einfach zu viel Zeit.

# Inhaltsverzeichnis

# Einleitung: Digitale Transformation als Weg in ein neues Zeitalter

**1**

Denkbeweglichkeit ist das, was uns auf dem Weg zur Digitalen Transformation am meisten abverlangt werden wird. Diese Denkbeweglichkeit darf sich aber nicht nur auf das Management (Analyse, Zielsetzung, Strategie, Planung, Umsetzung, Prozesssteuerung) beziehen. Sie muss sich in noch stärkerem Maße im Leadership (Potenziale und Motivation identifizieren, inspirieren, vertrauen, Verantwortung erlauben, Empathie leben) wiederfinden. Weder neue Führungsmodelle noch -theorien werden da weiterhelfen, wo Mitarbeiter zum Handlungsverantwortlichen heranwachsen und ihren Chef als Führungsverantwortlichen in einer klaren Rollenteilung erleben wollen. Alle über einen Kamm scheren, das war gestern und hat genau genommen noch nie gut funktioniert. Chefs müssen die durch Digitalisierung gewonnene Zeit in ihre Führungsbeziehung zu Mitarbeitern investieren, um mittels einer auf die zukünftigen Anforderungen ausgerichteten Leistungskultur mit der ganzen Mannschaft die Spitze im Wettbewerb anführen zu können.

Fortschritt ist für Menschen der Treiber, der die Gegenwart bewältigen hilft und die Zukunft mit Hoffnung umrahmt. Der Mensch braucht Veränderungen einerseits so sehr, wie er sich andererseits dagegen wehrt. Die jetzt vor uns liegende technologische Veränderung scheint exponentiell voranzuschreiten. E-Mobility, 3D-Druck oder Industrie 4.0. Das Wachstum scheint mit zunehmender Größe immer gewaltiger zu werden. Wirklich neu ist das nicht. Und doch immer wieder ungewohnt. Vom Kerzenlicht zum Schein der Glühlampe sah es ebenfalls nach der Gefahr einer menschlichen Überforderung aus. Und die Postkutsche durch die Dampflok zu ersetzen, hat die Menschen auch an die Grenzen ihrer Vorstellungsfähigkeit geführt. Jetzt haben wir als Digitale Transformation das bewusste Wahrnehmen und Verarbeiten eines neuen Wachstumsschubes durch technologische Erneuerung vor uns. Diese Digitale Transformation ist ein Anfang

© Springer Fachmedien Wiesbaden GmbH 2018
W. Saaman, *Leistungskultur im Fokus der digitalen Transformation*,
essentials, https://doi.org/10.1007/978-3-658-19796-4_1

zum Übergang in ganz neue Dimensionen. Wir gehen damit in einen offenen Prozess, dessen Ende noch niemand so genau absehen kann.

Schnellen Wandel, das kennen wir, wenn wir einen Blick zurückwerfen. Der erste Computer (Großrechner) nahm einige Etagen in Anspruch, ohne auch nur annähernd so leistungsfähig zu sein wie das Smartphone, das wir ganz selbstverständlich in einer Tasche tragen. Eigentlich sollte es der Mensch sein, der das Smartphone beherrscht. In der Öffentlichkeit, in Bussen und Bahnen hat man oft den umgekehrten Eindruck: Dieses kleine Ding beherrscht seinen Besitzer. Die Gesellschaft war in den letzten Jahrzehnten schon oft herausgefordert, die gerade anstehende Geschwindigkeit des Wandels zu antizipieren, um Nutzen daraus zu ziehen. Die Jüngeren waren immer schneller dabei als die Älteren, die als Jüngere einen vergleichbaren Prozess durchlaufen haben und im fortgeschrittenen Alter irgendwie gesättigt wirken. Schnelle Adaption und Resilienz sind inzwischen zu einer Kernkompetenz geworden. Davon hängen zuerst der Erfolg und aus ihm genährt die Zufriedenheit ab.

Die Chance für die Gesellschaft und Wirtschaft liegt klar auf der Hand: Statt Schaden durch Struktur- und Systemumbrüche zu erleiden und sich von der Welle der Veränderung überrollen zu lassen, müssen wir wie ein Surfer auf offenem Meer die auf uns zukommende Welle gut vorbereitet nehmen. Die Vorbereitung als Anspruch an alle im Unternehmen Tätigen zu fordern und die dafür erforderlichen Mittel zur Verfügung zu stellen, das fällt in die Verantwortung von Führung. Von Führung muss Orientierung ausgehen, was auf das Unternehmen zukommt und wie dem zu begegnen ist. Nicht „Wir schaffen das" – das geflügelte Wort der Regierungschefin 2015 im Rahmen der auf Deutschland zurollenden Flüchtlingswelle – sondern „Wie schaffen wir es?" muss die Devise lauten, die alle Verantwortungsträger im Unternehmen adressiert.

# Per Denkbeweglichkeit und Handlungsgeschwindigkeit steuern



Vor 500 Jahren dauerte ein Veränderungszyklus länger als ein Menschenleben. Dann kam die Zeit, in der ein Zyklus des Wandels auf Generationslänge schrumpfte. Eigentlich darf heute niemand mehr von den gewaltigen Möglichkeiten einer digitalen Welt überrascht werden. Und doch sind es die meisten. Weil wir uns das neue gigantische Ausmaß kaum vorzustellen vermögen. Wo das Vorstellungsvermögen durch Greifbares nicht abgesichert werden kann, setzt die Fantasie ein. Mit ihrer Hilfe malen wir uns ein Bild von den auf uns zukommenden Möglichkeiten. Das kann ein farbenfrohes, ermunterndes Bild ebenso sein wie ein düsteres, Angst auslösendes. Vom Grunde her sind wir mit exponentiellem Wachstum überfordert. Wir haben zwar verstanden, dass die Zyklen immer kürzer, die Tempi im Alltag immer rasanter werden. Und doch haben wir diesen vor uns liegenden Schub von Geschwindigkeit einfach noch nicht auf ein kalkulierbares Maß geschrumpft. Aber auch das ist nicht neu. Zeit und Raum sind relativ. Wir staunen sogar, dass wir immer älter werden, obwohl die Umwelt immer mehr vergiftet zu sein scheint. Der medizinische Fortschritt allein kann es nicht sein. Wer in linearem Fortschritt denken und handeln gelernt hat, wird sich mit ständigen Überraschungen schwer tun.

Von der Geschwindigkeit an Entwicklung geht ein psychologisches Umfeld aus, das für weitere Überraschungen gut ist. Jüngere sehen den technologischen Wandel meistens als selbstverständlicher an als Ältere. Ältere haben oft Erfahrungen, die nützlich sein können im Umgang mit dem Neuen. Es muss daraus ableitend gelingen, den hohen Grad an denkbeweglicher Dynamik der Jüngeren mit dem hohen Grad an Erfahrungsreichtum der Älteren zusammenzubringen. Je mehr die Älteren sich in Denkbeweglichkeit, Aufgeschlossenheit und Freude im Umgang mit Neuem üben, umso leichter wird die nützliche, aber auch notwendige Synchronisation zwischen Jung und Alt gelingen.

© Springer Fachmedien Wiesbaden GmbH 2018
W. Saaman, *Leistungskultur im Fokus der digitalen Transformation,*
essentials, https://doi.org/10.1007/978-3-658-19796-4_2

Ältere sind nicht per se denkgefestigter (das Gegenteil von denkbeweglich). Es kommt auf Erfahrungen an, die jemand früh im Leben mit eigenständig zu bewältigenden Herausforderungen machen konnte. Ist jemand behütet und versorgt im Kindesalter aufgewachsen oder wurde er zur Eigenständigkeit inspiriert? War die Zeit der Entwicklung und Heranreifung zum Erwachsenen mit Komfort gesegnet oder eine immer neue Herausforderung? Wer in einer Rundum-Versorgung aufgewachsen ist (einem in Komfort gebetteten Umfeld), wer lernen musste, was ihm vorgegeben wurde (ohne gegen den Strich denken zu dürfen), wer sich am Vorbild anderer ausrichten sollte (ohne seine eigenen Vorstellungen von brauchbar und unbrauchbar zu entwickeln), der konnte seine Denkbeweglichkeit in der wichtigsten Entwicklungsphase seines Lebens weniger ausbauen als jemand, der zu eigenständigem Denken und Handeln herausgefordert oder gar gezwungen war.

Die steuernde Begleitung auf dem Weg in die Zukunft fällt den Führenden im Unternehmen zu. Je früher von ihnen positive Impulse für den Eintritt in ein neues Zeitalter ausgehen, je mehr Geführte spüren, dass ihre Chefs im Dann und Dort der Zukunft denken und sich dabei sicher fühlen, umso mehr wird sich im Unternehmen eine auf Digitalisierung ausgerichtete Kultur breitmachen.

# Unternehmenskultur als Leistungsbrücke



Der Begriff „Unternehmenskultur" ist jedem geläufig. Ein Unternehmen, eine Behörde, eine Institution, ein Verein ist ohne Kultur nicht denkbar. Die Frage ist nur, ob es sich um eine leistungsfördernde oder leistungsbremsende Kultur handelt. Als Managementmethode eignet sich das Thema in keinem Fall. Unternehmenskultur ist keine Methode, kein Tool, keine Frage der Führungstechnik. Man kann eine Kultur nicht anweisen und auch in keine Strategie packen. Man kann sie als Prozess begreifen und durch Vorleben von Werten diesen Prozess positiv beeinflussen.

Die Mitarbeiter in einer Organisation entscheiden auf Basis ihres subjektiven Empfindens, ob sie mit der Kultur ihrer Firma im Einklang sind oder größere Störungen damit haben. Und davon machen sie abhängig, wie sehr sie sich geistig für diese Firma ins Zeug legen oder gegen Bezahlung ihren Körper in die Firma schicken. Unternehmenskultur ist ein existenter Zustand in einem System, der sich durch andere Einflussnahmen herausbildet als durch Managementmethoden. Es macht auch wenig Sinn Werte zu verordnen, die nicht von oben mit aller Konsequenz vorgelebt werden. Im Gegenteil. Solche Werte-Hülsen richten mehr Schaden an, als dass sie Nutzen bringen.

In auf Wirtschaftlichkeit, Wachstum und Ergebnis ausgelegten Organisationen ist Kultur nicht alles. Umgekehrt ist ohne Kultur alles nichts. Gemeint ist nicht irgendeine Kultur. Gemeint ist eine Sinn und Identifikation stiftende Kultur. Eine, die Nährboden für mit Freude erbrachter Leistung ist. Es gibt Organisationen, die sich durch eine Kultur von hoher Güte auszeichnen. Damit muss zwangsläufig noch keine entsprechend hohe Leistung verbunden sein. Deshalb reicht der Blick auf die Unternehmenskultur allein nicht aus, um ein Unternehmen hinsichtlich seiner Zukunftsfähigkeit zu bewerten.

© Springer Fachmedien Wiesbaden GmbH 2018
W. Saaman, *Leistungskultur im Fokus der digitalen Transformation*,
essentials, https://doi.org/10.1007/978-3-658-19796-4_3

In manchen Organisationen wird eine gute Kultur einfach zu wenig genutzt, um das Optimum an Leistung hervorzubringen. Andererseits gibt es Organisationen mit einer nachweislich hohen Leistungsausbeute. Wenn in solchen Systemen die gelebte Kultur ein Problem darstellt, darf man die Zukunftsfähigkeit dieser Organisation durchaus infragestellen. Man wird mit zunehmender Umschichtung der Aufgaben vom Menschen auf die Maschine vorwiegend zwei Gruppierungen von Leistungsträgern brauchen: einerseits mitdenkende Verantwortungsträger, andererseits angelernte Hilfskräfte für Aufgaben, die sich wirtschaftlich nicht auf Maschinen übertragen lassen. Der Durchschnittmitarbeiter von heute wird sich neu orientieren müssen.

## 3.1 Leistungsmotivation bei Menschen – Leistungsproduktion aus Maschinen

Maschinen haben keine Bedürfnisse. Sie brauchen keine Kultur. Ihnen reicht Strom oder ein fossiler Brennstoff, damit sie ins Laufen kommen. Beim Menschen ersetzt die Unternehmenskultur die zur Leistung erforderliche Energiezufuhr. Von Leistungskultur lässt sich dann sprechen, wenn für die zu erbringende (menschliche) Leistung die Kultur im Unternehmen den Strom aus der Steckdose ersetzt. Bezüglich des Begriffes „Leistung" muss man die beiden Aspekte *Anstrengung* und *Ergebnis* sehen. Psychologen sehen beim Leistungsbegriff eher den Ablauf. Was bequem wie von selbst von der Hand geht, mag zwar eine Handlung sein, von einer Leistung kann man jedoch noch nicht sprechen. Vor allem ist Leistung auf das Individuum bezogen aus psychologischer Sicht relativ. Körperlich Behinderte wie auch alte Menschen sind möglicherweise von einem Spaziergang über eine Strecke von 500 Metern schon am Limit ihrer Möglichkeiten. Am Ende der Strecke haben sie möglichweise ihre relative Spitzenleistung erbracht. Sportler sind nach der kurzen Distanz von 500 Metern noch nicht einmal richtig aufgewärmt. Sie haben in dem Fall noch so gut wie nichts geleistet. Deshalb ist es hilfreich, nicht einfach von *Spitzenleistung,* sondern von *Bestleistung* zu sprechen. Spitzenleister kann es im Unternehmen nur wenige geben, wenn man eine Benchmark anlegt. Bestleister kann es viele geben. Spitzenleistung ist ein unter mehreren Leistern objektiv vergleichbarer Wert. Bestleistung drückt aus, dass der Bestleister ohne Vergleich zu anderen sein Bestes gibt.

Ökonomen und Betriebswirte verbinden mit „Leistung" eher das Ergebnis, das am Ende eines Zielzeitraums steht. Doch auch diese Größe ist nicht wirklich objektiv. In Zeiten eines Konjunkturaufschwungs oder bei schwacher Konkurrenz müssen sich die Handelnden in einem Unternehmen im Allgemeinen weniger anstrengen, um tiefschwarze Zahlen zu produzieren. Ist dagegen eine allgemeine wirtschaftliche Talfahrt angesagt oder stehen die Signale der Konkurrenz auf Kampf, so bedarf es schon größerer Anstrengungen, um gute Ergebnisse zu produzieren. Die unternommenen Anstrengungen korrespondieren zwar mit dem Ergebnis, aber in einem relativen Verhältnis zueinander. Im ökonomischen wie psychologischen Denken passt die Unterscheidung der Begriffe *Spitzenleistung* und *Bestleistung* ganz gut. Auch hier ist die Beschreibung für das, was *Spitzenleistung* ausmacht, von einer Benchmark abhängig.

Bestleister sind im Unternehmen alle diejenigen, die im Ergebnis zwar nicht an die Marke der Spitzenleister herankommen, aber ihr Bestes für das Unternehmen geben. Je nach Passung von Potenzial, Motivation und Kompetenz sind ihre Ergebnisse mehr oder weniger von den Spitzenleistern entfernt. Wertvoll zur Tragfähigkeit des gesamten Systems sind sie allemal. Leistungsverweigerer lassen sich einer anderen Kategorisierung zuordnen. Hier stellt sich die Frage: Warum wollen sie nicht? Aus Frustration oder aus Überforderung? In beiden Fällen lässt sich was dagegen tun und sollte was dagegen getan werden.

## 3.2 Leistungskultur ist Leistungsmotivation genährt aus einer guten Kultur

Leistung *aus* Kultur ist in einer Organisation gegeben, wenn die zur Organisation Gehörenden weniger durch äußeren Antrieb, geldliche Anreize oder Druck zur Leistung gebracht werden müssen, sondern aus innerem Antrieb heraus – motiviert eben – Best- oder gar Spitzenleistungen erbringen. Wenn Menschen spüren, dass es sich lohnt, für diese Organisation zu arbeiten, merken, dass sie Teil des Erfolgs sind und als solcher auch geschätzt werden, geben sie mehr als wenn man wie beim Esel mit der Möhre lockt oder wie beim Pferd die Peitsche einsetzt. Eine gesunde Leistungskultur – eine ausgewogene Bilanz zwischen Leistung und Kultur – führt unmittelbar dazu, dass Mitarbeiter ihr Leistungspotenzial bis zur Grenze ausschöpfen. Mittels Leistungskulturspiegel lässt sich messen, ob ein System eher leistungs- oder eher kulturlastig ist. Weder das eine noch das andere kann wirklich beruhigen. In dem einen wie dem anderen Fall werden schlicht die Chancen nicht voll ausgeschöpft.

*Leistung* steht für die Hartfaktoren einer Organisation, ohne die Wirtschaftlichkeit schwer zu erreichen ist. *Kultur* steht für die Weichfaktoren, ohne die man aus dem Wirtschaftlichkeitsstreben nicht das herausholt, was möglich ist. Soweit unter Hartfaktoren das verstanden wird, was die Betriebswirtschaft dafür bereithält, so werden Betriebswirte, aber auch Ökonomen, schon bald akzeptieren müssen, dass der Anschluss an die Neuzeit bis heute nicht gelungen ist. Der Betriebswirt von Morgen könnte den Namen „Roboter" tragen. Er arbeitet zielgenauer, analytisch präziser, schneller, unermüdlicher, braucht keine Kantine, keine Pausen und keine Unternehmenskultur. Wer das Spiel mit den Zahlen zu seinem beruflichen Hauptzweck erklärt, wird bald nicht mehr gebraucht werden.

# Das Geschäft im Zeitalter grassierender Digitalisierung

4

Organisationen müssen sich weiterentwickeln, das ist keine Frage. Agiles Treiben wird die erfolgreichen Unternehmen der Zukunft prägen. Das heißt nicht nur schneller in der Fähigkeit zum Wandel, sondern auch aufgeschlossener gegenüber neuen Gegebenheiten. Agilität ist aber noch mehr, nämlich Gewandtheit (*Behändigkeit, Beweglichkeit, Elastizität, Flinkheit, Gelenkigkeit, Geschicktheit, Geschmeidigkeit, Leichtfüßigkeit*), Vitalität (*Aktivität, Dynamik, Energie, Lebendigkeit, Lebensenergie, Lebensfreude, Lebenskraft, Lebhaftigkeit, Rührigkeit, Spannkraft, Tatkraft, Regsamkeit*), Wendigkeit (*Anpassungsfähigkeit, Flexibilität, Geschäftigkeit, Geschmeidigkeit*). Chancen werden einem nicht mehr wie heute geboten werden, man muss sie erspähen lernen. Das Unternehmen ebenso wie der Einzelne.

Das Agile Unternehmen verlangt von allen, nicht nur den Führenden, mehr Verantwortung und Engagement. Es ist ein radikales Umdenken bezüglich des Umgangs mit Verantwortung erforderlich, die noch vor zweihundert Jahren (Agrargesellschaft) im Mittelpunkt des Treibens stand und danach in der Industriegesellschaft immer mehr durch Arbeitsteilungsprozesse ausgetrocknet wurde. Die Erkenntnis der inneren Kündigung von Arbeitnehmern, die ihren Körper gegen Geld täglich in die Firma gehen lassen und die Verwaltung ihrer Zeitkonten dem engagierten Mitdenken vorziehen, ist auch schon Jahrzehnte alt. Finanzielle Sicherheit führt zur materiellen Anreicherung, die weitestgehend als Sinnersatz ausgelebt wird.

In Zukunft wird das uns bisher bekannte Arbeitsverhältnis neu definiert werden (müssen). Die zwar nicht immer zufriedenstellende, aber im Ergebnis doch bequeme Fremdbestimmung wird durch mehr Selbstbestimmung ersetzt werden. Die Veränderung begünstigt die Agilität in Unternehmen. Auch wenn sich viele Arbeitsplätze der bekannten Art in Nichts auflösen werden, so werden in den

© Springer Fachmedien Wiesbaden GmbH 2018
W. Saaman, *Leistungskultur im Fokus der digitalen Transformation,*
essentials, https://doi.org/10.1007/978-3-658-19796-4_4

Lohnlisten auch weiterhin Namen von Menschen stehen, auf deren Konten Geld überwiesen wird. Diese werden aber anders als zurzeit agieren müssen, wenn sie die Welt erfolgreich gestalten wollen. Das Eintauchen in diese Welt wird nicht ohne gravierende Veränderungen möglich sein. Es wird noch gravierender sein, als die Zeit der Einführung des PCs auf jedem Schreibtisch, die Einführung der ersten mobilen Laptops und der Zeit, als das Telefonieren durch Handys revolutioniert wurde. Wir werden eher weniger als mehr Zeit haben, obwohl die fortschreitende Digitalisierung weitere Erleichterungen mit sich bringen wird. Für den CEO bis zur einfache Arbeiten ausführenden Teilzeitkraft wird fast nichts mehr so bleiben wie es war. Die abverlangte Leistung wird in einem neuen Licht erscheinen. Voll automatisierte Maschinen werden dem Menschen vieles abnehmen. Darunter wird es Aufgaben geben, die genau genommen niemand gern gemacht hat. Unter die maschinelle Automatisierung fallen aber auch solche Aufgaben, die dem Menschen fehlen werden, weil sie herausfordernd und vielgestaltig sind.

In den Unternehmen wird es auf die gelebte Kultur mehr denn je ankommen. Das ist es, was neben dem Vorsprung in Sachen Digitalität die zukunftssicheren von eher gefährdeten Unternehmen unterscheiden wird. Vor allem brauchen wir weniger Manager, die ihre Unternehmensstrategien und -strukturen den stetig verändernden Rahmenbedingungen anpassen. Erstens ist die Strategie der Unternehmen schon seit längerem nicht mehr das Hauptproblem. Es ist vielmehr die Inkonsequenz in der Umsetzung einer an sich gut durchdachten Strategie. Strategien sind zweitens oftmals so abstrakt formuliert, dass sie weiter unten in der Organisation schlicht nicht verstanden werden. Das muss sich ändern. Sie werden denen, die für die Umsetzung sorgen müssen, schmackhaft vermittelt werden müssen. Strategien dürfen nicht mit betriebswirtschaftlicher Trockenheit formuliert und vermittelt werden. In ihnen muss das Feuer stecken, das die Leute so weit aufheizt, dass sie für die Sache brennend losrennen. Deshalb wird der Bedarf an *rationalen Managern* ebenso schrumpfen wie an klassischen Strategieberatern. Gefragt ist der emotionale Leader! Der Transformator, Koordinator und Impulsgeber mit Herzblut.

Menschen begeistern sich in der Freizeit für solche Dinge, die ihnen besonders liegen, die ihnen Freude machen und in denen sie selbstbestimmt aufblühen können. Leader, die es verstehen, ein Stück von diesem Motivationsaroma in die Arbeitswelt zu holen, werden deutlich mehr erreichen als Manager, die glauben, mit Analysen, Strategien, Tabellen und Charts die Welt aus den Angeln heben zu können. Transformation in die Digitalisierung verlangt uns allen mehr Denkbeweglichkeit ab als es jemals zuvor erforderlich war. Wir müssen unsere Pfade verlassen, Gewohnheiten aufgeben, Untersicherheit hinnehmen und Zuversicht stärken lernen. Den Computern/Robotern können wir getrost alles das überlassen, was programmierbar, standardisierbar, schematisierbar ist. „Denken", wenn man es denn so nennen will, kann der Rechner nur im Rahmen seiner ihm einverleibten Software. Das ist sein Nachteil. Hingegen ist der Mensch nicht programmierbar. Das ist sein Vorteil.

## 4.1  Maschinen programmieren – Menschen inspirieren

Zur Digitalwelt mit ihren neuen, heute in allen Dimensionen nicht zu Ende gedachten Möglichkeiten und Veränderungen passen keine seit fünfzig und mehr Jahren vertrauten Organisationsstrukturen. Wenn Menschen in Bewegung kommen sollen, muss die sie umgebende Organisation im Fluss sein. Das heißt weg vom Strukturdenken in Organisationen, hin zum Systemdenken. Durchdynamisierte Prozessflüsse, belebt von Verantwortung tragenden Menschen, die ihre Rollen beherrschen, das ist es, was nicht nur das Firmenbild von Start-ups prägt, sondern die ganze Wirtschaft beherrschen wird. Doppelt gemachte Aufgaben können wir uns dabei ebenso wenig leisten wie zähe Entscheidungsprozesse oder an der Realität zerberstende Zielvorstellungen. Führungsverantwortliche werden das Unternehmen zukünftig am besten dadurch steuern, dass sie sich unters Volk mischen. Dennoch wird es einen Unterschied zwischen Führungs- und Handlungsverantwortung geben müssen.

Alle reden über die Gestaltung einer revolutionären, digitalen Zukunft. Mit Ausnahme derer, die bereits damit begonnen haben. Der Begriff „Agilität" ist in aller Munde, nur nicht mehr bei denen, die agil sind. Menschen reden im Allgemeinen am häufigsten über das, was sie gerne hätten, aber nicht haben. So wird das Wort „Unternehmenskultur" besonders häufig in solchen Firmen strapaziert, die keine so gute haben, dass alle damit zufrieden sein könnten. So ist es auch mit der digitalen Zukunft. Diejenigen, die diesbezüglich bereits gut unterwegs sind, leben auch heute schon Digitalität. Spätestens dann, wenn hyper-intelligente Sensoren Probleme sehen bevor sie eintreten, die Erinnerung an ungeplante Stillstandzeiten in der Produktion verblichen ist, Menschen keine gesundheitsschädlichen Arbeiten mehr zu vollrichten haben, steht die Frage im Raum: Wie war ein Leben ohne diese Innovation möglich?

Das wird die Zeit sein, in der Konsumenten deutlich weniger Energie verbrauchen, weil nicht nur die Technik ihren Beitrag dazu leistet, sondern die Digitalisierung transparente und attraktive, datengestützte Lösungen bereithält, die zur Ressourcenschonung animieren. Warum erst morgen und nicht schon heute? Weil wir vielleicht zu sehr an lieb gewonnenem kleben? Weil wir sehen, dass sich die anderen um uns herum auch nicht schneller bewegen? Weil wir uns zu sehr mit den Argumenten aufhalten, warum was wie nicht schneller gehen kann? Weil strategisches Denken nicht konsequent genug in Taten mündet? Sätze wie „Gut Ding will Weile haben", „Eile mit Weile" können sich nur noch solche Firmen erlauben, die konkurrenzlose Monopolisten sind und sicher sein dürfen, dies auch zu bleiben. Alle anderen werden sich recht bald auf das geflügelte Wort „Land unter" einstellen müssen.

In der Zukunft angekommen werden wir nicht mehr begreifen, warum es so lange dauern musste, das konsequent umzusetzen, über das alle engagiert geredet haben. Die Prozessindustrie wird in Zukunft heute noch unvorstellbare Qualität auf höchstem Produktivitätsniveau erreichen. Die Software wird einen Raum besetzen, der heute noch von Millionen menschlicher Arbeitsplätze besetzt wird. Die Hand an Maschinen, das manuelle Eingreifen in Systeme schwindet zusehends. Der Prozess in die Welt der Vollautomatisierung ist mit zunehmendem Tempo losgetreten. Es sieht nur oberflächlich betrachtet so aus, als würde das Thema *Leadership* keine Zukunft haben.

## 4.2  Das digital-industrielle Zeitalter bietet unvorstellbare Chancen

Kein Unternehmen wird immun sein gegen eine Wucht der Umwälzungen im globalen Industriemarkt, die wir in der Form bisher nicht kennen. Probleme werden die Firmen bekommen, deren Management zu spät erkennt, was da auf uns zurollt. Ausscheiden vom Wettbewerb werden solche Firmen, die sich zu spät dem digitalen Denken unterwerfen. Die auf uns zukommenden Veränderungen gleichen einer gewaltigen Druckwelle in der Physik. Während gestern noch galt: zu schnell ist gefährlich, gilt heute: zu langsam kann tödlich sein.

Schon heute haben sich die Zyklen der Veränderung derart verkürzt, dass die Unternehmensleiter nicht in Monatsabständen denken, sondern täglich über die Auswirkungen der Transformation nachdenken müssen. Systeme und Prozesse werden Echtzeiteinblicke ermöglichen. Big-Data-Durchbrüche schaffen einen zuvor nie gekannten Informationsfluss. Die digitale Disruption wird zur treibenden Kraft der vierten, industriellen Revolution, so umfassend, dass in Unternehmen nur leidenschaftliches und vorbehaltloses Mitgehen der Chefetage hilft, sich in der revolutionären Umwälzung nicht zu vergreifen. Die kleinen Unternehmen haben den Vorteil, dass hier die Distanz von der Basis zur Unternehmensspitze überschaubar ist. Leistungskiller wie kommunikative Streuverluste, undurchschaubare Strukturen, hierarchische Kälte sind in kompakten Unternehmen in der Regel nicht das Problem. In großen Unternehmen wächst die Gefahr mit zunehmender Größe. Die Großen haben zwar den Vorteil, am Arbeitsmarkt durch Bekanntheit attraktiv zu sein, großvolumiger investieren und damit risikofreudiger sein zu können. Sie werden sich aber darauf einstellen müssen, wie zu groß geratene Kreuzfahrtschiffe nicht jeden Hafen anlaufen zu können. Sie werden sich folglich in Verzicht üben müssen. Auch dem, auf alle Zeit Vorzeigeunternehmen zu bleiben. Die Öffentlichkeit wird auch in Zukunft wenig Interesse an tausenden kleineren Firmen zeigen, obwohl sie zusammen neunzig Prozent unserer Wirtschaftsmacht ausmachen und mit ebenfalls neunzig Prozent an der Bereitstellung von Arbeitsplätzen beteiligt sind. Die Medien werden noch wachsamer werden, der Öffentlichkeit solche namhaften Giganten vorzuführen, die in die eine oder andere Richtung nach aktuellem Wertestand einen gesellschaftlich nicht akzeptablen Schritt gesetzt haben. Die Großbanken, die Automobilhersteller und bisher verschonte Branchen stehen erst am Anfang ihrer Stolpergefahren auf dem Laufsteg wirtschaftlicher Erfolgsgarantie durch über Jahrzehnte aufgebautes Image. Was den großen Medienhäusern im Imagevernichtungswettbewerb nicht gelingt oder entgeht, werden Plattformen wie Twitter, Facebook und Co. besorgen.

Das Eintauchen in die digitale Welt ist allumfassend, eine vollkommen neue, nahezu alles verändernde Art, Dinge anzupacken. Die Entwicklung einer digitalen Strategie, um die sich einige Unternehmen bemühen, ist eine viel zu wenig ausreichende Reaktion auf die auf uns zukommenden Anforderungen. Manager sollten dazu anleiten, das Digitale mit allen Aspekten der Geschäftstätigkeit zu verschmelzen. Geschäftsmodelle, Vertriebswege, Prozesse, Verständnis von und im Umgang mit Daten sowie Incentives. Ohne dieses neue Verständnis von Leistungskultur werden Firmen bald austrocknen. Top-Performer denken und handeln durchgängig digital. Dazu gehört auch die Fähigkeit, das Denken *re-inferent* von hinten nach vorne aufzäumen zu können. Das Ende einer Phase, eines Zyklus, eines Zielzeitraums sollte zum Zu-Ende-Denken nach vorne geholt werden. Nur so lässt sich prozessual ermessen, was auf dem Weg zum Ergebnis alles zu bedenken ist, um das anvisierte Ziel auch tatsächlich zu erreichen. Auch das ist Digitalität: Das Planen von hinten rückwärtig zu beginnen, um von Anfang an so professionell wie möglich zu sein.

Jeder aufgeschlossene und informierte Mensch weiß im Grunde, dass alles von der Digitalisierung erfasst werden wird. Nicht nur das Herstellen von Produkten, sondern ebenso anzubietende Dienstleistungen, einzugehende Kooperationen mit Kunden und Lieferanten. Wenn Chefs an der Unternehmensspitze die digitale Zukunft mit Begeisterung annehmen, strategisch einbinden, in das Denken um

Kundenzufriedenheit einbeziehen, die Mitarbeiter dafür gewinnen, so stehen die Chancen gut, andere zu überholen oder zumindest von anderen nicht überholt zu werden. Innovativ ist, was Widerstand auslöst, unbequem wirkt, theoretisch interessant, doch praktisch nicht umsetzbar erscheint. Die Innovationen von heute sind das Ticket in die Zukunft.

Wer zögerlich ist, abwartet, was andere tun, lebt schlicht gefährlich. Wenn Kunden erst an dem Punkt angekommen sind, dass sie beim Konkurrenten geeignetere Lösungen finden, lösen sich allmählich auch langjährige Partnerschaften auf. Wenn Mitbewerber in Fahrt kommen, wirkt der eigene Stillstand wie Rückschritt. Unternehmen, die als Vorreiter in Sachen Digitalisierung gelten, haben mehrheitlich eine hohe Toleranz gegenüber mutigen Entscheidungen bzw. Initiativen. Der richtige Zeitpunkt, um mit der Gestaltung der revolutionären digital-industriellen Zukunft zu beginnen, liegt nicht in der Zukunft. In manchen Branchen kann man ihn fast schon der Vergangenheit zuschreiben.

## 4.3  Maschinen können fast alles – nur nicht Verantwortung

Welche Fähigkeiten machen Chefs fit für die Zukunft? Jedenfalls keine „digitale Führungskompetenz", von der häufiger die Rede ist. Die braucht kein Mensch. Die Digitalisierung schafft gänzlich neue Unternehmenswelten. Aber keine ohne Menschen. Roboter muss man programmieren. Das mag einem besonders bequem vorkommen. Eine einmal getane Arbeit reicht bis zum nächsten Update. Menschen kann man nicht programmieren. Wenngleich es Führungskräfte geben soll, denen genau das am liebsten wäre. Ist ihnen doch die ständige Auseinandersetzung mit dem Individuum, mit Bedürfnissen, Gefühlen, Forderungen, Ansprüchen lästig. Wem Führung lästig ist, hat den falschen Job gewählt. In Zukunft noch mehr als heute. Soweit wir denken können wird der Roboter nicht mit dem Menschen vergleichbar sein. Zwar setzt er sich zuweilen als Arbeitsplatzvernichter in Szene. Aber zum Kollegen wird er damit noch lange nicht.

Ungeachtet dessen lohnt es, über die Führungsanforderungen neu nachzudenken. Führungskräfte im digitalisierten Zeitalter müssen weder IT-Spezialisten sein noch werden. Und wenn sie es qua Ausbildung doch sind, so sei daran erinnert: Führung hat nichts mit Wissen zu tun. Die fachliche Ausbildung von Chefs kann ein Add-on sein. In keinem Fall mehr.

Der Übergang von heute auf morgen lässt Unsicherheit grassieren. Verunsicherung lenkt Mitarbeiter ab, raubt ihnen Energie, blockiert sie durch Orientierungslosigkeit, aktiviert ihren Selbstschutz. Das kann nicht gewollt sein. Damit umzugehen verlangt Chefs höchste Aufmerksamkeit und tiefer gehende Sensibilität ab. Je unspezifischer die Zukunft erscheint, je diffuser der Change anmutet, umso richtungsweisender muss eine führende Hand den Weg weisen.

Die führende Hand vermittelt Mitarbeitern Zuversicht, wenn im Unternehmen alles permanent auf dem Prüfstand steht. Die Herausforderung der Führungsverantwortlichen besteht darin, den Mitarbeitern das nötige Geleit zu geben, das sie in unsicheren Zeiten dringender als sonst brauchen. Führungsverantwortliche mit ausgeprägter Persönlichkeits- und Sozialkompetenz eignen sich am besten dazu. Unsichere Chefs haben ihren Mitarbeitern in Sachen Sicherheit nichts zu bieten. Im Gegenteil, sie ziehen diese höchstens noch weiter nach unten als sie es schon sind. Darum ist Persönlichkeitskompetenz so wichtig. Chefs müssen in einer solchen Situation zum Fels in der Brandung werden. Dass es auf die Sozialkompetenz ebenso ankommt, erklärt sich einfach daraus, dass Gesprächsführung nicht technisierbar ist. Wer glaubt, mit Gesprächstechniken die Herzen der Mitarbeiter gewinnen zu können, hat seine Führungsrolle nicht verstanden. Ob man in einem großen oder kleinen Büro, an einem teuren oder preiswerten Schreibtisch sitzt, ob man einen großen oder kleinen Firmenwagen zu nutzen berechtigt ist, feinsten Zwirn am Maßanzug oder -kostüm oder weniger exklusive Kleidung trägt, das alles wird Mitarbeiter in Zukunft überhaupt nicht mehr beeindrucken. Der Respekt vor der Obrigkeit bröckelt auch heute schon. Mitarbeiter wollen gesehen, gehört, verstanden und gewonnen werden. Das trennt den respektierten vom (soweit wie möglich) ignorierten Chef.

▶  **Tipp** Respekt, Akzeptanz, Ansehen schafft man sich als Chef mit Tuchfühlung, Einfühlung, Aufrichtigkeit, Wertschätzungsäußerungen und Zeitinvestment für die Mitarbeiter. Das allein rechnet sich. Heute schon weit verbreitet und in mehr oder minder stark erkennbaren Ansätzen. Morgen ausschließlich.

Führung ist das, worauf Mitarbeiter im Unternehmenskontext bauen und vertrauen können.

Die Führungsbeziehung wird sich im digitalen Zeitalter ziemlich verändern. Davon ist auszugehen. Schon heute müssen Führende mit seltener werdendem, uneingeschränktem Zugriff auf ihre Mitarbeiter rechnen. Schon seit geraumer Zeit sollten Führende gelernt haben, dass ohne Vertrauen gar nichts geht. Mitarbeiterleistung wird wesentlich von der Motivation und den Potenzialen des einzelnen Mitarbeiters bestimmt. Bezüglich der Potenziale hat der Führende eine Auswahlverantwortung. Bezüglich der Motivation eine Beziehungsverantwortung.

Gute Ergebnisse sind vermehrt die Folge von effektiver und effizienter Teamarbeit, vor allem auch unternehmensübergreifend. Dabei geht es nicht um die oft zitierte „Führung an der langen Leine". Mag die Leine noch so lang sein, sie ist und bleibt ein Zeichen mangelnden Vertrauens. Wieso muss jemand im Zustand der Vollmündigkeit „an der Leine geführt" werden? Das macht man mit Hunden, die nicht hören wollen oder unter Umständen, die den Hundehalter dazu zwingen, seinen Hund an die Leine zu nehmen. Der Mitarbeiter ist kein Hund, der Chef kein Herrchen.

## 4.4    Wer mit Schlagworten überflutet, lässt Mitarbeiter absaufen

So wichtig es ist, in einem Manuskript wie diesem vieles zu benennen, das sein könnte und sein sollte, so notwendig ist es, sich im Firmenalltag von Schlagworten zu distanzieren. Besonders Topmanager laufen Gefahr, mit der von ihnen geführten Organisation nicht synchronisiert zu sein. Das kann schnell passieren, wenn immer neue Begriffe durch das Unternehmen gejagt, immer neue Tools, Modelle, Verfahren beschworen werden, die von den Leuten (noch) nicht verstanden und damit auch nicht gelebt werden.

Die Kernaufgabe der Führung besteht auch heute schon darin, dafür zu sorgen, dass der Geführte erfolgreich bleibt oder wird. Das schließt seine Eignung und Motivation ein, zudem die Klärung von Loyalität, Integrität und Vertrauen. Führende müssen aber stets daran denken, dass jeder Mensch ein Unikat ist. Das gilt für seine Vorlieben, seine Bedürfnisse, seine Ansichten, seine Erfahrungen, seine Eignung und die Bedingungen, die er braucht, um seine Eignung voll zur Geltung zu bringen. Man kann das Zusammenwirken der unterschiedlichsten Individuen auch als *Ich-Welten* bezeichnen, die es immer wieder aufs Neue zusammenzubringen, aufeinander abzustimmen und zu koordinieren gilt. Führungsverantwortung unterscheidet sich in dem Punkt gewaltig von Handlungsverantwortung. Führungsverantwortung heißt, dafür zu sorgen, dass andere ihrer Handlungsverantwortung gerecht werden können. Dazu gehört unbedingt, einen Blick, ein Gespür und Wissen davon zu haben, womit die *Ich-Welten* über- oder unterfordert sind. Wem das nicht liegt, wird auf wenig Akzeptanz bei den in Zukunft anspruchsvoller werdenden Handlungsverantwortlichen stoßen.

Führende werden in Zukunft nicht weniger, sondern mehr Zeit zum Führen benötigen. Allerdings wird der Führungsalltag gegenüber heute ein ziemlich anderer sein. Die Aufgaben werden nicht weniger komplex. Eher umgekehrt. Die Geführten werden nicht weniger anspruchsvoll. Das krasse Gegenteil wird eintreten. Je anspruchsvoller die Aufgaben der Geführten werden, umso anspruchsvoller werden die Erwartungen an diejenigen, die Führungsverantwortung tragen. Führende müssen nicht nur den Überblick behalten. Sie müssen den an sie Berichtenden täglich beweisen, warum sie zu einer anderen Liga gehören. Es wird immer häufiger vorkommen, dass Führende Fragen nicht allein beantworten, Vorgänge nicht ohne andere zu Ende bringen können. Deshalb sollten sich Führende laufend unters *Volk mischen* oder in die *Menge eintauchen,* damit sie mitbekommen, was wirklich läuft an der Basis. Das ist oft weit von dem entfernt, was Führungsverantwortliche sich vorstellen, was da laufen sollte. Wir müssen weg vom Aufgabendenken hinein in das Verantwortungsdenken. Diese neue Form der Begegnung zwischen Führenden und Ausführenden müssen beide Seiten lernen. Nur die Führenden können dafür sorgen, dass sich die Geführten trauen zu sagen, was sie wirklich bewegt. Denn auch das erweist sich als Leistungskiller: dass Geführte sich nicht trauen, gegenüber der Obrigkeit zu sagen, was sie denken. Was man zwischen der Basis und ganz oben der Unternehmensleitung noch verstehen mag, wird umso unverständlicher, wenn dieses Aneinander-vorbei-Kommunizieren zwischen zwei Ebenen, zum Beispiel zweiter und dritter Führungsebene, passiert. Und das kommt in den besten Firmen vor, kostet aber Kraft und Zeit, die man besser investieren könnte.

Das bloße Abarbeiten vorgegebener Aufgaben führt geradezu in diese Sackgasse der Kommunikationsverzerrung. Wenn dann in einem solchen Unternehmen noch Schlagwörter wie „Offenheit", „Feedbackkultur", „Kommunikation auf Augenhöhe" kursieren, ist jeder Zielrichtung in bessere Zustände der Weg abgesperrt. Je besser es Führenden gelingt den Verantwortungsgrad des einzelnen Geführten klar abzustimmen, umso krönender das Ergebnis der Zusammenarbeit. Führende müssen mehr denn je ihren Blick auf Prozesse und die Prozessmacher werfen. Dabei steht das Ergebnis im Fokus der Verbindlichkeit. Wie das Ergebnis erreicht wird, ist die Herausforderung an die Träger von Handlungsverantwortung, die Geführten. Das ist die eine in Zukunft wichtige Seite der Führung. Die zweite besteht darin, Netzwerkpartnerschaften zu bilden. Nicht nur mit den Kollegen auf gleicher Ebene. Mehr noch mit den handlungsverantwortlich Geführten.

# Manager sind Statiker der Leistung – Leader sind Architekten der Kultur 5

Typische Manager beherrschen Strategieentwicklung und Strategieumsetzung, sind zahlenaffin und analytisch fit in der Durchdringung von Komplexität, haben Prozesse im Griff und behalten stets den Überblick, formulieren unmissverständliche Ziele, die sie konsequent verfolgen. *Management* ist Arbeit an und mit der Organisation. Das ist und das bleibt wichtig.

Typische Leader gewinnen im Auftritt, begeistern Menschen, drücken Wertschätzung durch Wort und Tat aus, können einfühlend die Rolle eines anderen einnehmen, Potenziale und Motivation auseinanderhalten, verstehen sich als Dienstleister an den Mitarbeitern, denen sie vertrauen und ihnen deswegen Verantwortung erlauben. *Leadership* ist Arbeit an und mit der Person. Das ist heute schon wichtig und wird in Zukunft noch viel wichtiger.

Eine gute Mischung aus beidem, Management- und Leadership-Kompetenzen, ist ebenso ideal wie selten. Führungsverantwortliche sind meistens eher Manager *oder* Leader. Das bekommen die Geführten deutlich zu spüren. Wer von denen keinen großen Bedarf hat, geführt zu werden, kommt mit dem Manager als Chef bestens zurecht. Wer Führung sucht, leistet deutlich mehr unter einem Leader. Denn während der Manager auf der Sachebene kommuniziert, Zahlen, Prozesse, Strategien im Kopf hat und sich von dieser Seite zeigt, bevorzugt der Leader die Beziehungsebene. Leader haben weniger im Kopf als vor Augen und in den Ohren. Der Leader sieht seine Mitarbeiter, hört was sie sagen, begeistert sie mit Aussagen, die der Mitarbeiter versteht, die ihn betreffen, die ihn anspornen. Aus Sicht vieler Mitarbeiter ist es wünschenswert, mehr Leader unter den Unternehmens- und Bereichslenkern zu erleben. Aus Sicht der ganzheitlichen Unternehmensführung bleibt Management unverzichtbar. Allerdings würde es Unternehmen weiterbringen und die Leistung der Mitarbeiter spürbar steigern, wenn zukünftig die Rollen eine deutlichere Trennung als bisher erfahren. An *Leader* sollte man möglichst viele Handlungsverantwortliche (Mitarbeiter) anhängen. Die *Manager*

© Springer Fachmedien Wiesbaden GmbH 2018
W. Saaman, *Leistungskultur im Fokus der digitalen Transformation,*
essentials, https://doi.org/10.1007/978-3-658-19796-4_5

sollte man mit möglichst wenigen Handlungsverantwortlichen belasten, weil wirkliche Führung nicht ihre Domain ist. Auch autonome Mitarbeiter möchten Führung spüren, nur eben anders als von Führung abhängige.

> **Tipp** Die Autonomen brauchen Reflexion, die Führungsabhängigen Orientierung. Das zu verstehen und darauf einzugehen wird mit jedem Schritt in die Digitalisierung immer wichtiger.

Längst erwiesen ist, dass erstklassige Leader erstklassige Mitarbeiter anziehen. Es kommt nicht auf die Ausbildung oder das Fachwissen der Führenden ganz oben an, sondern darauf, dass sie eine Kultur schaffen, in der sich der Anteil der Leistungseinschränkungen, durch von der Kultur ausgehenden Störungen, auf ein Minimum reduziert. Weil Führende für Mitarbeiter Impulsgeber und Reflektor sind, werden sie damit auch zu Transformatoren, denen es in jeder Situation gelingt, Perspektiven aufzuzeigen, Mut zu machen, Akzente zu setzen und den Geführten mit seinen Bedürfnissen, Ängsten und Fragen zu verstehen. Oder sie sind der Spiegel, für die Autonomen zum Beispiel, in dem sich die eingebrachte Leistung vergrößert abbildet und stolz macht.

Die Kernaufgabe von Management kann es zukünftig nur sein, die prozessualen Zusammenhänge mit unterschiedlichen Nuancen im Sichtfeld zu haben. Da sind die anzustrebenden Unternehmensziele zu sehen. Da geht es um die Strategie, mit der die Ziele sicher erreicht werden sollen. Da geht es um die konsequente Umsetzung von Entscheidungen. Bis auf das, was auf ihrem Gehaltskonto zu lesen ist, ist die Mehrheit der Mitarbeiter nicht sonderlich an Zahlen interessiert. An solchen, auf die sie keinen Einfluss nehmen können, schon gar nicht. Selbst unter den in Betriebswirtschaft bzw. Ökonomie ausgebildeten Führungsverantwortlichen findet man nicht wenige, die an Abläufen, Vorgängen, Geschehnissen ein deutlich größeres Interesse haben als an bloßen Zahlen.

Die Kernaufgabe von Leadership muss es zukünftig mehr als heute sein, die Menschen mit ihren Motiven und Potenzialen zu sehen, ihnen etwas zuzutrauen, ihnen Verantwortung zu erlauben und abzuverlangen. Der Mensch wächst mit seinen anspruchsvolleren Herausforderungen. Führungskompetenz macht sich unter anderem auch daran fest, zwischen Individuum und Team unterscheiden zu können. Man führt nicht wirklich ein Team, wenn von Teamführung gesprochen wird. Man führt Einzelne, damit diese im Verbund mit anderen ihr Bestes geben. Ein Team ist die additive Kräftekammer in Form von summarischen Einzeltalenten, die gut gesteuert aufeinander reagieren, um miteinander bestmöglich zu wirken. Genau genommen kann man Teams nur steuern, während man einen einzelnen Menschen führen kann.

## 5.1    Teamarbeit: Warum die große Giraffe das Beutetier des kleinen Löwen ist

Wir verstehen unter Teamarbeit nicht unbedingt dasselbe, was im Tierreich darunter verstanden wird. Wir gehen davon aus, das am meisten entwickelte Geschöpf der Natur zu sein. Sind wir es? Nicht in allem. In der Teamarbeit zum Beispiel sind manche Tiere auf allerhöchstem Perfektionsgrad. Davon sind wir größtenteils weit entfernt.

Eine Giraffe ist einem Löwen körperlich nahezu unerreichbar überlegen. Große Tiere werden bis zu 5,50 m hoch. Das ist das Fünffache eines Löwenweibchens, das für die Jagd auf Giraffen zuständig ist. Im Fall des Verhältnisses Giraffe zu Löwe haben wir es zudem mit einem Beutetier zu tun, das der Löwe durch Hinterherrennen nicht einzuholen vermag. Er kann lediglich der Giraffe bei ihrem Höchsttempo von 60 km/h an den Fersen bleiben. Hier kommt Teamwork auf höchstem Perfektionsgrad zum Zuge. Teamarbeit heißt bei Löwen Effizienz und Effektivität in Topform. Dabei ist der Löwe als Raubkatze unter seinesgleichen sogar eine Ausnahme. Denn keine andere Katzenart ist wirklich teamfähig, vom Jaguar, der gefährlichsten Raubkatze der Welt, bis zum Stubenkätzchen. Der Löwe verschwendet in Teamarbeit keine Energie. Ins Team kommt nicht, wer Lust hat oder von der Chefin (bevorzugt jagen die weiblichen Tiere) eingeladen wird, um einfach mal dabei sein zu können. Ins Team der Löwen kommen zum Jagen von Giraffen nur die Tiere, die Strategie und konsequente Umsetzung in aufeinander abgestimmter Koordination am besten beherrschen. Andernfalls würden Löwen nicht eine einzige Giraffe erbeuten. Nicht zwei, nicht vier, exakt drei Löwen übernehmen in eng aufeinander abgestimmter Teamkoordination die Jagd. Der Vierte wäre zu viel, würde den Betrieb nur aufhalten oder gar die Zielerreichung gefährden. Das Fehlen des Dritten würde die Perfektion schmälern. Weibchen jagen, weil sie flinker und gelenkiger sind als männliche Löwen. Zwei von ihnen treiben von hinten das Beutetier in eine vorbestimmte, von den Löwen angepeilte Richtung. Die eine Löwin steuert auf der linken, die andere auf der rechten Seite. Irgendwann kommt das dritte Jagdtier von vorn aus dem Busch und springt der von der Jagd schon ermüdeten Giraffe an den Hals. Das ist abgestimmte Harmonie von Leistung und Kultur in Reinformat.

Wir sind es dagegen gewohnt, alle möglichen Menschen in Projektteams und Meetings zu holen. Ganz nach dem Motto, besser einer zu viel als einer zu wenig. Das macht solche Gruppengebilde träge, unübersichtlich und ineffizient. Damit besteht die Gefahr, dass viele Köche den Brei verderben oder einige der Teammitglieder die Statistenrolle einnehmen. Beides ist wenig zielführend. Ob ein auf Zeit angelegtes Projektteam, ein auf Dauer gebildetes Team oder ein Meeting: mit zunehmender Größe schwindet die Effizienz. Das ist heute schon ein Problem und wird es morgen in noch größerem Maße sein. Ein Dreierteam kommt ohne Leitung aus. Ein doppelt so großes Team schon nicht mehr. Bei diesen Teamgrößen und darüber kann man beobachten, dass sich eine informelle Leitung herausbildet, wenn die formelle Leitung nicht bestimmt wurde oder nicht funktioniert. Leitungslose Teams, ab einer bestimmten Anzahl von Mitgliedern, sind eine humanistische Utopie. Man kann die formelle Leitung abschaffen. Damit wird sich die informelle umso stärker herausbilden.

Führung wird zukünftig noch mehr als heute Systemarbeit sein müssen. Ob formell oder informell, Leader führen und halten das zusammen, was ohne sie unkoordiniert mehr anrichten als ausrichten würde. Effektive Zusammenarbeit ist nicht einfach. Kluge Köpfe – und davon gibt es zum Glück immer mehr – wollen ihre Ansichten nicht nur gehört wissen, sondern möglichst auch ohne Abstriche durchsetzen. Und das bremst Teamleistung eher aus als dass es sie fördert. Schließlich kann uns nicht entgehen, dass die größten Errungenschaften der Menschheit (Literatur, Kompositionen, Malerei, geniale Erfindungen) kein Produkt von Teamarbeit waren. Wir wissen von Apple, Amazon und vielen anderen kometenhaft aufgestiegenen Firmen, dass es eine einzige Person war, die dem System ihren Stempel aufgedrückt hat. Das ist analog zu Raubkatzen zu sehen. Sie sind mit Ausnahme des Löwen Einzeljäger. Der Wolf ist gänzlich anders ausgerichtet. Es gibt in der Wildnis durchaus einsame Wölfe. Vom Grunde her braucht der Wolf aber das Rudel, mit seinem Alphatier zur Orientierung.

Vereinfacht gesagt lässt sich festhalten: Manche Menschen sind eher der Katze als Einzelgänger ähnlich, andere eher dem Wolf als Rudeltier. Leader müssen erkennen und darauf eingehen, wer sich für was am besten eignet. Vor allem fällt es in ihre Verantwortung, ein Team so zusammenzusetzen, dass es am meisten bewirkt. Sie müssen auch erkennen, wann die Arbeit einzelner der Teamarbeit vorzuziehen ist.

## 5.2   Von der Lehmschicht kontra Leistung zum Transportband pro Leistung

Wer die heutige Vorstellung von Hierarchie in die Zukunft übertragen will, hätte in der Vergangenheit auch versuchen können, die Typenhebel der Schreibmaschine in den Computer zu integrieren oder eine Epoche davor den Wollfaden der Kerze für die Glühbirne weiterzuverwenden. Heute sind gängige Unternehmen hierarchiegeprägt. Ganz oben die Würde, darunter die Bürde. Jeder der nicht zur Organschaft des Unternehmens zählt, also je nach Rechtsform Vorstand oder

Geschäftsführer ist, hat unter den Füßen den Druck der Mitarbeiter und auf dem Kopf die Last des Topmanagements. Oder anders ausgedrückt: Von oben die stressmachenden Ansagen. Von unten die stressmachenden Fragen. Das auszuhalten setzt nicht nur Kraft und Zähigkeit voraus. Dieser Zustand nagt vor allem an der Leistung, die eine Firma ohne diese Behinderung erreichen könnte. Waren es bei der Erfindung des Computers die Typenhebel, die der Beschleunigung im Weg waren, so war es bei der Erfindung der Glühbirne der Kerzendocht, der weder Leitfähigkeit besaß noch die nun zu erzeugenden Temperaturen auszuhalten vermochte.

Das klassische Dilemma des Mittelbaus innerhalb der Hierarchie ist es, gefangen zu sein, zwischen dem direkten Chef oder dem darüber und den eigenen Mitarbeitern. Auf der Chefetage werden Ziele geplant und die dazu passenden Strategien festgelegt. Mit der Umsetzung haben sich Bereichsleiter, Abteilungsleiter und Teamleiter herumzuschlagen. Die Anweisungen von oben sind für sie bindend. Die Zweifel der Mitarbeiter sind für sie fesselnd. Sie müssen den Frust der Mitarbeiter auffangen und sollten ihn idealerweise in Motivation umwandeln. Das ist zwar ein Unding, wird aber dennoch erwartet. Da ist es kein Wunder, wenn sich so mancher Teamleiter wie eine Tomatenscheibe in einem Burger vorkommt, die von allen Seiten eingeklemmt nicht die Widerstandskraft des Fleischklopses hat, der zudem beim Burger die größere Wertschätzung genießt, weil das Teil des Fleisches wegen und nicht wegen der Tomatenscheibe gekauft wird. Aber auch das Fleisch – nennen wir es „Bereichsleiter" – hat Druck von oben und unten.

Die Sandwich-Lage wird von den Führenden mehr oder minder frustrierend erlebt. Bei manchen führt sie zur glatten Überforderung. Das kann so nicht gewollt sein, dass ausgerechnet die mittleren Führungsverantwortlichen perspektivlos in die Zukunft schauen. Das ist genau die Gruppe, die eigentlich sicherstellen soll, dass die enge Verbindung zwischen Unternehmensleitung und Basis gesichert wird. Sie sind (eigentlich) Transformatoren der Botschaften aus der Top-Ebene. Sie sollten ebenso Träger der Botschaften von unten nach oben sein. Da haben Angst, Mutlosigkeit, Depression keinen Platz, um den Geführten immer wieder aufs Neue die Zukunft des Unternehmens zu erklären und mit ihnen gemeinsam die Gegenwart zu bewältigen. Doch einige dieser Führenden im Mittelbau haben sich zu Durchlauferhitzern entwickelt. Zumindest was den Weg von oben nach unten angeht. Außer, dass die Sache noch drastischer – ergänzt um den eigenen Frust – weitergegeben wird als sie ohnehin schon ist, findet an Führung nichts statt. Auf dem umgekehrten Weg von unten nach oben wird die eigene Leistung gut, die der Mitarbeiter gar nicht oder minderwertig verkauft. Man könnte die Schuld dieses Dilemmas zunächst einmal bei den Führenden selbst suchen und denen unterstellen, dass sie kein Rückgrat hätten. Aber das wäre zu einfach. Vielmehr stellt sich die Frage, was am System falsch ist, dass ein solcher Zustand überhaupt entstehen kann.

Diese für das Unternehmen so wichtige Führungsebene braucht Spielräume, Entscheidungsfreiheit und einen Verantwortungsrahmen, der sie zu Kleinunternehmern im großen Gebilde macht. Der Führungsmittelbau ist deshalb nicht nutzlos. Sein elementarer Nutzen wird zu wenig gewürdigt. Er braucht einen Bewegungsraum, der die Mitarbeiter erkennen lässt, dass Führung nicht Last ist, sondern Lust macht. Mitarbeiter ohne Führungsverantwortung brauchen diese Führenden für ihre Orientierung, zur Unterstützung, als Inspiration stiftende Multiplikatoren. Die oberste Führung muss sich darauf verlassen können, dass das Bindeglied zwischen oben und unten Kommunikation transportiert, sodass die Top-Ebene weiß, was wirklich im Unternehmen los ist und nicht in der Illusion lebt, jeder an der Basis sei mit dem Unternehmen voll identifiziert. Wenn es der Mittelbau nicht ist, kann es die Basis erst recht nicht sein.

Stress keimt, wo Botschaften nicht verstanden werden, Vorgaben utopisch erscheinen, Ziele auf Abwehr stoßen, anstatt angenommen zu werden. Wenn sich die Unternehmensleitung als Motor des Erfolgs versteht, muss sie für ein funktionstüchtiges Getriebe sorgen, um die Kraft auf die Straße zu bringen. Gedanken, das Mittelmanagement abzuschaffen, sind reine Theoriespiele. Ohne Mittelbau würde von oben gar nichts mehr nach unten durchdringen, würden sich die Mitarbeiter noch weniger wertgeschätzt fühlen. Die mittlere Ebene sollte sich als Navigator verstehen und von anderen so verstanden werden. Die Zieleingabe in den Navigator kommt von oben. Das sich in Bewegung setzen um anzukommen ist Sache der Basis. Die Wegealternativen zur schnellsten, sichersten oder wirtschaftlichsten Streckenführung sollte man den Navigatoren überlassen.

Die Unternehmer bzw. Unternehmensleiter wissen, wie wichtig Digitalisierung heute schon ist. Sie müssen wissen, woran die Umsetzung scheitert, wenn es nicht schnell genug geht. Die Hierarchieebenen sollten ermuntert werden, Ziele anzunehmen, um auf der richtigen Route zu navigieren. Jede Form von Frust ist ein Leistungskiller, weil Frust ansteckend ist und sich schneller in der Fläche ausbreitet als Lust. Wenn die mittleren Führungsverantwortlichen den Rücken frei haben, um die Probleme der Menschen an der Basis lösen zu helfen, wenn sie von oben die nötige Aufmerksamkeit erfahren, gehört und eingebunden werden als Ratgeber für die Unternehmensführung, wird schnell aus einer Lehmschicht ein Transportband für Leistung.

Wer mit dem Gedanken spielt, die mittleren Manager abschaffen zu wollen, riskiert eine Verlangsamung der Umsetzungsgeschwindigkeit, was wirtschaftlich äußerst riskant ist. Wer soll die Gedanken der Kreativen aufnehmen, um daraus

Innovation keimen zu lassen? Wer soll die Unternehmensleitung übersetzen, Strategien vom Papier in die Umsetzung bringen? Wer soll die Rolle des Seismografen übernehmen, der frühzeitig warnt, wenn die Stimmung an der Basis umzukippen droht? Wer soll den Blick für Chancen und Blockaden wachhalten, die sich aus dem Alltag ableiten lassen?

Der Wert der mittleren Führungsebenen muss in vielen Unternehmen neu überdacht werden, zum Teil auch erst gefunden werden. Wer als Führungsverantwortlicher im Mittelbau der Organisation etwas bewegen will, muss in zwei Richtungen führen lernen: Nicht nur von oben nach unten, sondern ebenso von unten nach oben. Das heißt, sich so viel Freiraum wie möglich von oben holen. Wie? Indem man dem Chef verdeutlicht, dass man nur dann gute Arbeit für ihn machen kann, wenn Vertrauen und Verantwortungsrahmen stimmen. Es sollte ein Geschäft auf Gegenseitigkeit mit dem disziplinarischen Chef eingegangen werden. Das ist ein Geben und Nehmen. Der Chef kann sich um das Makromanagement kümmern, während sein führungsverantwortlicher Mitarbeiter das kleinteilige Geschäft besorgt: Mitarbeiter wahrnehmen und auf sie eingehen, für eine gute Arbeitsatmosphäre sorgen, Konflikte aufnehmen und lösen, Mitarbeiter entlang ihrer Potenziale einsetzen.

## 5.3   Für den Job brennen oder verheizt werden

Wenn ein Teilnehmer in einem Management Audit im Zuge seiner Selbstbildabgabe in den Vordergrund stellt, dass er *leidenschaftlich* für den neuen Job *brennt*, so darf sich der Auditor schon die Frage stellen, was der Bewerber damit zum Ausdruck bringen will. Ist es nur eine Floskel, mit der er meint, gut anzukommen? Brennt er wirklich leidenschaftlich für den neuen Job? Hat er ein anderes Verständnis von Leidenschaft, als das, was synonym in Lexika zu finden ist (*Feuer, Glut, Inbrunst, Sturm, Faszination, Rausch, Ekstase, Enthusiasmus, Manie, Überschwang, Fanatismus, Schwärmerei, Begierde, Gier, Lust, Gefühlserregung, Aufwallung, Taumel, Trunkenheit, Liebesglut)?* Was sich im Laufe der Ist-Aufnahme in einem Management Audit konkreter herausarbeiten lässt, schafft jenseits solcher Verfahren Nachdenklichkeit darüber, wieviel Leidenschaft im Berufsleben erwartet werden kann bzw. sein muss, um zu guten Ergebnissen zu kommen. Und wie diesbezüglich die Zukunft aussehen kann.

Wer leidenschaftlich arbeitet, bringt beste Ergebnisse und ist zudem über alle Maßen glücklich – so das gesellschaftliche vorurteilige Bild. Muss man sich wirklich seinem Job mit *Gier* hingeben, um zu den Besten zu gehören? Müssen die Gefühlserregungen *aufwallen* oder gar *taumeln*, um ein Spitzenleister zu werden?

Wenn man einem künstlerischen Beruf nachgeht, Maler, Komponist, Bildhauer oder Dirigent ist, so ist Leidenschaft im Beruf sicher unabdingbar. Bei diesen Berufen geht der Mensch nicht seinem Beruf nach, sondern in ihm auf. Aber jenseits solcher Einklänge zwischen Beruf und Individuum? Bei eintönigen Jobs fällt es schwer sich vorzustellen, dass jemand wirklich mit Leidenschaft dabei ist. Wie wird es in Zukunft sein, wenn die profanen, monotonen, stupiden Jobs weggefallen sind? Eignet sich der überbleibende Rest an Tätigkeiten dazu, dass der Durchschnitt aller Mitarbeiter mit mehr Leidenschaft als heute ans Werk geht? Man könnte es vermuten. Aber, ist Leidenschaft überhaupt wichtig, um professionell, verlässlich und qualitativ Aufgaben zu erledigen?

Fest steht, dass es in allen Berufssparten auch heute Mitarbeiter gibt, die einen Sinn in ihrer beruflichen Rolle sehen und deswegen intrinsisch motiviert und mit zumindest einem Hauch von Leidenschaft an alles herangehen, was auf sie zukommt. Bei Führenden sollte man eigentlich annehmen, dass sie ihre verantwortungsvolle Rolle wenn nicht gerade mit Leidenschaft, so doch aus voller intrinsischer Motivation heraus ausfüllen. Die Praxis zeigt, dass einige dieser Führungsverantwortlichen tatsächlich für ihre Herausforderung brennen, andere aber eher das Gefühl haben, täglich aufs Neue verbrannt zu werden. Ebenso bekannt ist, dass es extrinsisch motivierte Mitarbeiter gibt, die sich innerlich wenig von der Firma und ihren Aufgaben angesprochen fühlen. Ihre Motivation ist die monatliche Summe, mit der der Arbeitgeber das Konto wieder auffüllt.

Es ist wie beim Angeln. Der intrinsisch motivierte Angler ist wegen des Angelns an sich aktiv. Ihm kommt es aus einem anderen Ehrgeiz auf die Anzahl der aus dem Wasser gezogenen Beute an, als dem extrinsisch motivierten Angler. Wer stattdessen das Angeln rein zum Zwecke der eigenen Ernährung ausübt, weil der Magen knurrt und sich keine Alternative bietet den Hunger zu stillen, wird den Fokus seines Ehrgeizes weniger auf den Vorgang des Angels legen. Der knurrende Magen treibt den Ehrgeiz an. Das Ziel ist nicht der Fisch an der Angel, sondern der Fisch über dem Feuer. Auf die Qualität und Quantität der ausgeführten Handlung muss weder das intrinsische noch das extrinsische Motiv einen Einfluss haben.

Macht intrinsische Motivation glücklicher als extrinsische? Davon ist auszugehen. Können Menschen bei Ausübung ihrer Arbeit glücklich sein? Unbedingt! Wenn sie einer sinngebenden Tätigkeit nachgehen, zudem einer, die ihrer Neigung und ihrem Können entspricht und obendrein das Umfeld, die Unternehmenskultur stimmt. Andererseits kann auch extrinsische Motivation glücklich machen. Der so motivierte Angler dürfte gesättigt glücklicher sein als hungrig. Es kommt folglich weniger darauf an, ob jemand intrinsisch motiviert ist, also für die Aufgabe brennt, oder diese extrinsisch ausübt, weil er einen anderen, nicht im direkten Zusammenhang der Aufgabe stehenden Vorteil für sich sieht.

Hat ein Schönheitschirurg mehr Anlass, einen ihn glücklich machenden Sinn in seiner Arbeit zu sehen als ein Taxifahrer? Man darf vermuten, dass das als Leidenschaft bezeichnete Glücksempfinden des kosmetischen Chirurgen eher mit seinem gesellschaftlichen Status und seinem Einkommen als mit der eigentlichen Arbeit zusammenhängt. Denn in einem Punkt unterscheiden sich Taxifahrer und Schönheitschirurg nun wirklich nicht: Beide vollbringen eine Dienstleistung am Menschen, die in aller Regel nicht unbedingt sein muss. Sie bieten Komfort oder Luxus für Menschen, die bereit sind, dafür Geld auszugeben. Der Verzicht auf Komfort und Luxus ist in dem einen Fall durch Bahnen und Busse zu kompensieren, in dem anderen Fall durch das Abfinden mit dem Aussehen, das die Natur einem vorgegeben hat.

Wenn der Taxifahrer sich genau diesen Beruf und keinen anderen ausgewählt hat und der Schönheitschirurg durch sein Elternhaus geradezu gedrängt wurde, Arzt zu werden und möglichst eine hoch dotierte und gesellschaftlich anerkannte Fachrichtung einzuschlagen, dann stellt sich das stereotype Bild, der eine sehr glücklich, der andere unglücklich, vom Fuß auf den Kopf. Selbst unter den Menschen, die einfachste Arbeiten verrichten, gibt es hochgradig glückliche. Der tägliche Abtransport von Müll bei einem städtischen Entsorgungsunternehmen ist nicht per se eine Aufgabe, die frustriert.

## 5.4   Ohne Sinn und Image sind Aufgaben unattraktiv

Es ist nicht die Aufgabe allein, die mehr oder minder Lust macht – von sehr monotonen Arbeiten einmal abgesehen. Es ist auch das mit der Aufgabe verbundene Ansehen in der Öffentlichkeit oder innerhalb der Firma, das die Motivation beflügelt oder nach unten drückt. Deshalb wird es in einer zukünftigen digitalen Welt wichtiger denn je, auch diesen Punkt neu zu überdenken: Leidenschaft, wirkliche Leidenschaft für die ausgeübte Berufsrolle zu entfachen, ist ganz sicher nicht kontraproduktiv für das Leistungserbringen. Aber auch nicht das allein Ausschlaggebende. Es steht die Frage nach Sinn und Image für das, was der Einzelne tut im Raum. Aufgaben, deren Sinn niemand erkennen kann, müssen das Gemüt nach unten ziehen, wenn der Aufgabenerfüllende nicht der Stumpfsinnigkeit verfallen ist. Viele simple Tätigkeiten werden von der sich ausbreitenden Digitalisierung geschluckt werden. Ein Teil der übrig bleibenden Aufgaben wird herausfordernder sein, bezogen auf die in den Firmen anstehende Aufgabenvielfalt. Es wird aber auch zukünftig wenig exponierte Aufgaben geben müssen. Aufgaben, die an der Oberfläche betrachtet wenig Image abstrahlen.

Dahinter steckt in Wirklichkeit eine zu korrigierende Fehlentwicklung in unserer Gesellschaft, die in jeder Firma angepackt und umgedreht werden kann. Denn wenn es wirklich so sein sollte – wie der Eindruck entstehen könnte – dass es unwichtige Aufgaben gibt, dann kann man diese Aufgaben auch ersatzlos streichen. Sollen sich die Leute ihren Spargel doch selbst vom Feld holen, wenn Spargelstechen so niederwertig ist, dass es scheinbar für ein Image der Wichtigkeit nicht reicht. Ob wir in der Stadt geleerte Papierkörbe vorfinden oder von einem Sternekoch mit Nahrung versorgt werden, bei genauem Hinsehen können wir eher auf den Sternekoch als auf die Fachkraft für Kreislauf- und Abfallwirtschaft verzichten. Die Masse der Gesellschaft, die Mehrheit in den Firmen, erledigt Aufgaben, die zwar absolut unverzichtbar sind, denen wir jedoch nicht die gebührende Wertschätzung entgegenbringen. Aufgaben und berufliche Rollen werden nicht nur mit zu wenig Sinn, sondern ebenso mit einem blassen, gar keinem oder sogar schlechten Image verbunden. Wenn es nicht gelingen sollte, das Image aufzupolieren – nicht künstlich, sondern mit echten Argumenten – dann sollen doch die Leute ihre öffentlichen Toiletten selber putzen.

Niemand muss Leidenschaft zeigen, wenn seine Aufgabe im Reinigen öffentlicher Toilettenanlagen besteht. Er sollte aber von seinem Arbeitgeber verdeutlicht bekommen haben, was es für die Gesellschaft bedeutet, wenn es ihn mit der Bereitschaft zu dieser Aufgabe nicht gäbe. Zwischen *brennen* und sich *verbrannt* fühlen gibt es einen Zwischenraum. Und der wird heute nicht oder zumindest viel zu wenig ausgefüllt. Die aktuelle Burnout Welle sollte Anlass genug sein, das Thema auf die Prioritätenskala nach ganz oben zu schieben. Die Unternehmensleitung muss damit beginnen, Sinn und Image der einzelnen Aufgaben zu vermitteln. Da wo ihr das nicht gelingt, sollte sie diese Aufgaben streichen. Denn reine Beschäftigungstherapie gehört in die Reha. Sie hat in gesunden Unternehmen nichts zu suchen. Das kann die Unternehmensleitung auf der Ebene ihrer Direct Reports klären. Diese sind dann zuständig für ihre Direct Reports usw.

Die Robotronik wird mit zunehmendem Tempo deutlich machen, was alles der menschlichen Hand und dem menschlichen Kopf entgleiten wird und wieviel Zeit wir dadurch gewinnen werden, in neuen Dimensionen zu denken. In der Automobilproduktion wurde das menschliche Eingreifen in den hinter uns liegenden Jahren in erheblichem Ausmaß reduziert. In anderen Industriezweigen ebenso. Und trotzdem haben wir eine geringe Arbeitslosenquote. Oder gerade deswegen? Wann werden Ärzte im OP von IT-Experten ersetzt? Ab wann machen wir – jeder von uns ohne Ausbildung – unsere Steuererklärung selbst, weil wir von Programmen durch Fragen geführt werden, die wir ganz simpel ohne Kenntnis irgendwelcher Gesetze beantworten können und die vom Finanzamtscomputer automatisch eingelesen werden? Wenn Taxis keine Driver mehr benötigen, jeder von uns selbst seine Diagnose stellen und sich heilen kann, was ist dann mit unserer schönen neuen Welt? Aufzuhalten ist das nicht. Darauf vorbereiten können wir uns heute schon. Menschen brauchen Perspektiven. Diese zu vermitteln ist eine Zentralaufgabe von Führung.

## 5.5  Firma als Raum für Glücksempfinden – Leidenschaft macht sich jeder selbst

Es werden dann vielleicht nur noch Berufe mit implementierter Leidenschaft übrig bleiben und Hierarchien werden vollends überflüssig. Bis es soweit ist, liegen aber noch viele, vermutlich sehr viele Jahre des Übergangs vor uns. Und diese gilt es zu nutzen. Einfach wird das nicht, allen Rollen im Unternehmen Image und Sinn zu geben. Umso wichtiger wird es, genau das in eine verbindliche Zielsetzung zu bringen. Verbrannte Mitarbeiter sind leistungsschwache Mitarbeiter. Allerdings kommt so gut wie kein Bewerber verbrannt in ein neues Unternehmen. Und wenn doch, hat etwas mit dem Auswahlprozess nicht gestimmt.

Es muss nicht auf Leidenschaft hinauslaufen, wie bei (meistens intrinsisch motivierten) Künstlern oder (meistens extrinsisch motivierten) Top-Managern. Wichtig ist es, dass alle Führungsverantwortlichen und Handlungsverantwortlichen von sich sagen können, dass sie mit dem, was sie machen, glücklich sind. Leidenschaft ist eine Angelegenheit des Einzelnen. Glücksgefühle zu ermöglichen fällt in die Zuständigkeit der Firma. Menschen können auch ohne Leidenschaft zu hervorragenden Ergebnissen kommen. Ein Rennfahrer vermutlich nicht. Ein LKW-Fahrer allemal. Ein Umfeld zu schaffen, in dem Menschen glücklich sein können, ist die unbedingte Verantwortung der Unternehmensleitung. Allein schon zum Selbstzweck, nicht nur aus reiner Menschlichkeit. Denn mit dem Job glückliche Menschen bringen sich ein, kommen jeden Tag gerne in die Firma, sind immer wieder aufs Neue bestrebt, ihr Bestes zu geben.

Glücklich sein ist die Folge erfüllter Motivation. Dabei kommt es nicht darauf an, ob diese intrinsisch oder extrinsisch ist. Leidenschaft kann ein Unternehmen von seinen Führungskräften und Mitarbeitern nicht verlangen. Muss es im Rahmen einer erfolgstragenden Leistungskultur auch nicht. Der Begriff „Leidenschaft" hat in Leitbildern nichts zu suchen. Der Begriff des angestrebten „Glücklich seins" kann dort umschrieben werden. Zudem kann dort stehen, dass „das Unternehmen" – verbindlicher wäre „die Unternehmensleitung" – sicherstellt, dass sich alle Führungsverantwortlichen und Handlungsverantwortlichen mit den ihnen übertragenen Rollen „im Einklang" befinden oder „identifizieren" können.

Leitbilder in Unternehmen sind nur dann sinnvoll, wenn sie konkret formuliert sind, auf die angestrebte Kultur abstellen, für jeden Adressaten nachvollziehbar und handlungsauffordernd sind. Philosophisch abgehobene, akademisch verkomplizierte und beliebige, auf alles passende Leitbilder, behindern die Unternehmenskultur, anstatt sie zu fördern. Solche Leitbilder laden geradezu dazu ein, unverbindlich Themen in den Raum zu stellen, die niemandem helfen.

Wenn in einem Unternehmen der Anteil der leidenschaftslosen und unglücklichen Führenden und Mitarbeitern negativ auffällt oder stört, so ist das ein sicheres Signal dafür, dass von oben Pech und Schwefel auf die Köpfe der Belegschaft fällt anstatt inspirierende Botschaften. Störungen, die Mitarbeiter mit der Kultur des Unternehmens haben, wirken sich als Leistungsstörungen aus. Der Frust als Gegenthema zum Glücksempfinden ist durch die vielen banalen Dinge hausgemacht, die den Alltag erschweren. Das Glücksempfinden wird gestärkt durch echte Wertschätzung (anstatt permanenter Überstrapazierung des Begriffes), Sorgfalt in der Beziehung zu anderen, Verbindlichkeit im Umgang miteinander. Kommunikation ist ein wertvolles Gut. Doch nicht selten hat man beim Gang durch die Führungsetagen den Eindruck, Kommunikation sollte unter das Waffengesetz gestellt werden, damit man Mitarbeiter vor von Kommunikation ausgehenden Verletzungen schützen kann. Kommunikation kann tragen und niedermachen. Wenn man mancherorts erlebt, wie leichtfertig Führungsverantwortliche damit umgehen, sprechen, ohne vorher die Folgen des Gesagten zu bedenken, sich am Tag darauf nicht einmal erinnern können, welche Pfeile sie ziellos abgeschossen und wen sie damit getroffen haben, dann kann man nur hoffen, dass die Digitalisierung möglichst bald dafür sorgen möge, dass mehr Zeit für Führungsqualität gewonnen wird.

In Firmen finden wir Menschen, die mit Leidenschaft arbeiten und mit ihrem Leben rundum glücklich sind. Wir begegnen aber auch solchen, die mit Leidenschaft arbeiten und mit ihrem Leben außerhalb der Arbeit unglücklich sind. Wir treffen auch auf die, die mit ihrer Arbeit und dem sonstigen Leben unglücklich sind. Führungsverantwortung zu haben, heißt dafür zu sorgen, dass Menschen mit ihrer Arbeit glücklich sind. Der darüber hinausgehende Teil ist im positiven Fall Sache des Glücklichen, der damit ohne jede Unterstützung bestens zurechtkommen wird. Wenn jemand außerhalb des beruflichen Teils seines Lebens unglücklich ist, so gehört dieser Teil in die Hände guter Freunde oder Fachleute.

# Führungskultur: Management und Leadership getrennt sehen 6

Manager sind typischerweise Menschen, die mit fachlichem Know-how punkten. Ihnen ist Wissensvorsprung, analytischer Verstand und strategisches Denken zumeist elementar wichtig. Oft sind Manager gut strukturiert und ebenso gut durchorganisiert. Sie bewegen sich bevorzugt auf der rationalen Ebene im Denken, im Handeln und ebenso in ihrem Kommunikationsstil. Kein Unternehmen kann auf Management verzichten, wenn es um die Leistungsfrage im Sinne des Ergebnisses geht.

Leader sind typischerweise Menschen, die mit emotionalem Know-how punkten. Ihnen ist die gute Beziehung zu anderen zumeist elementar wichtig. Sie interessieren sich für das, was in anderen vorgeht, was andere im Denken und Empfinden bewegt. Sie sind auf das Individuum als Person fixiert, nehmen sensibel Beziehungsstörungen auf und wissen einfühlsam damit umzugehen. Sie bewegen sich bevorzugt auf der emotionalen Ebene im Denken und im Handeln, was an ihrem Kommunikationsstil deutlich wird. Kein Unternehmen kann auf Leadership verzichten, wenn es um die Kulturfrage geht.

Leistungskultur ist die Zusammenführung von beidem, Management und Leadership. Die Kernaufgabe von Führung besteht darin, andere erfolgreich zu machen oder erfolgreich zu halten. Das geht nur mit einem guten Blick auf die Potenziale, ergänzt um die Motivation des Individuums. Es gibt nicht viele Führende die gleichermaßen souverän auf der Management- wie Leadership-Klaviatur spielen. Mit Blick auf die zukünftig veränderten Anforderungen im Unternehmen wird es besonders wichtig, als Führender die Rolle einzunehmen, die man am besten beherrscht. Für die erfolgreiche Unternehmenssteuerung ist es wichtig, die Steuerungsrollen so zu vergeben, dass der höchstmögliche Mehrwert dabei herauskommt.

© Springer Fachmedien Wiesbaden GmbH 2018

31

W. Saaman, *Leistungskultur im Fokus der digitalen Transformation,*
essentials, https://doi.org/10.1007/978-3-658-19796-4_6

**1. Führungstipp: Gestalten der Führungsbeziehung**
Zur echten Führung gehört das Herstellen einer tragfähigen Führungsbeziehung. Der Führende muss nicht in seiner Führungsarbeit aufgehen. Es genügt vollkommen, wenn jeder Mitarbeiter die Aufmerksamkeit des Führenden spürt. Das eigene Büro kann man für die Arbeit am und mit dem Mitarbeiter durchaus nutzen. Die viel zitierte „offene Tür" ist nicht schlecht, aber auch bei weitem nicht ausreichend für eine tragfähige Beziehung zwischen dem Führungsverantwortlichen und dem Handlungsverantwortlichen. Auf die Mitarbeiter zuzugehen, das schätzen die meisten Mitarbeiter. Durch Räume gehen, in denen das Leben der Mitarbeiter, die Wirklichkeit stattfindet; Gespräche dort führen, wo Mitarbeiter im Betrieb ihr Zuhause haben, das ist die Art von Wertschätzung die Mitarbeiter sich wünschen.

E-Mails sind nicht mehr wegzudenken, aber auch kein Medium für die Brücke vom Chef zum Mitarbeiter, die oft durch die Schranken der Hierarchie aus Sicht der Mitarbeiter unbegehbar erscheint. „Erwische ihn wenn er es gut macht" lautet eine Jahrzehnte zurückliegende Empfehlung aus dem damaligen Bestseller *Der Minuten Manager*[1]. Gute Leader stellen offene und keine bedrängenden Fragen. Sie hören aufgeschlossen zu, anstatt den Eindruck zu vermitteln, schon wieder beim nächsten Thema oder womöglich mit ihren Gedanken ganz woanders zu sein. Wer zum Führen keine Zeit findet, führt nicht! Zukünftig wird es immer häufiger so sein, dass Chef und Mitarbeiter nicht im selben Gebäude, oft nicht einmal im selben Land sitzen. Auch in dem Fall ist das Zugehen auf den Mitarbeiter wichtig. Die Digitalisierung beschert uns Techniken, die (fast) jede Distanz zu überbrücken helfen. Chefs, die sich mit Interesse am Menschen beim Mitarbeiter melden, erreichen mehr als Chefs, die erwarten, dass Mitarbeiter sich bei ihnen melden mögen. Das Smartphone hilft Distanzen zu überbrücken, auditiv oder visuell durch Videoanrufe.

**2. Führungstipp: Persönlichkeit führt Persönlichkeit**
Je schneller sich die Informations- und Kommunikationstechnologie ausbreitet und in ihrer Perfektion weiter entwickelt, je leichter Maschinen uns das Leben machen, umso mehr kommt es darauf an, dass Führende sich bewusst werden, was das oft strapazierte Wort „Sozialkompetenz" real im Alltag bedeutet. Man muss nicht so weit gehen, dass andere Menschen einem wichtiger sind als man sich selbst ist. Es ist umgekehrt sogar so, dass wer zu sich selbst keine gesunde Beziehung hat, zu anderen auch keine solche aufbauen kann. Führung ist eine rein

---

[1]Der Minuten Manager: Führungsstile, Blanchard/Zigarmi, 1. Auflage 1986 by Rowohlt Verlag GmbH, Reinbek bei Hamburg, ISBN 3 498 00503 0.

zwischenmenschliche Angelegenheit, von Persönlichkeit zu Persönlichkeit. Jeder Mitarbeiter ist eine Persönlichkeit. Jeder! Es wird in der Öffentlichkeit oft so getan, als sei der Begriff „Persönlichkeit" einer erlauchten Minderheit vorbehalten. Das, was in der Öffentlichkeit mit „er/sie ist eine Persönlichkeit" gemeint ist, betrifft die besonders starke Wirkung, die von solchen Personen auf andere ausstrahlt, deren Aura, deren Charisma. *Persönlichkeit* im wissenschaftlichen Sinne betrifft die Gesamtstruktur einer Person mit ihrem Charakter und ihrem Willen.

Richtig ist, dass es mehr oder minder „starke Persönlichkeiten" gibt. Das hat aber mit dem gesellschaftlich Status, den jemand einnimmt, wenig zu tun. Schon Kleinkinder können eine starke Persönlichkeit haben. Und jeder Chef muss sich kritisch fragen, ob er als Persönlichkeit führt oder sich hinter seinem hierarchischen Rang versteckt. Der hierarchische Rang ist geliehen und bleibt im Unternehmen wenn man ausscheidet. Seine Persönlichkeit nimmt man mit. Und wer ohne Rang schwach ist, war es auch mit Rang. Er hat es nur geschickt verstanden, die Schwäche zu verbergen. Mit jeder neuen Generation schwindet ein Stück dieser einst so wichtigen Amtswürde. Es soll Industriepatriarchen (Gründerväter) gegeben haben, die, wenn Sie mit „Guten Tag, Herr Generaldirektor" angesprochen wurden, schroff erwiderten: „Ich bin nicht Generaldirektor! Ich halte mir solche Leute." Vertreter der Generation Y scheuen sich nicht, den Bundespräsidenten mit „Herr Steinmeier" anzusprechen. Nicht „Herr Dr. Steinmeier" und nicht „Herr Bundespräsident", was den aktuellen Knigge-Benimm-Regeln entsprechen würde. Chefs und sonstige Personen mit besonderem Status müssen gegenüber der jungen Generation keine „Augenhöhe" *herstellen,* sie müssen sie *ertragen* lernen.

### 3. Führungstipp: Menschlichkeit – was sonst?
Kein Smartphone, Tablet, PC, keine Software ersetzt das, was persönliche Führung ausmacht. Das ist Menschlichkeit, die uns in einer durchdigitalisierten Welt abhandenkommen könnte. Natürlich hilft die Technik, beschleunigt und vereinfacht vieles. Allerdings kann auch Siri nur das beantworten, was Siri einprogrammiert wurde. Ideen, motivierende Impulse sowie nicht direkt abgefragte Tipps und Anregungen oder gar persönlich gemeinte Wertschätzung gehen von Siri und artverwandter Software nicht aus.

Maschinen haben kein Vertrauen, kennen keine Verantwortung und fühlen nichts, weil sie diese menschlichen Eigenschaften nicht brauchen, um zu funktionieren. Auch mit Wertschätzung bekommt man Störungen in der Software nicht behoben. Maschinen führen aus. Mehr nicht. Sie müssen eingerichtet, programmiert, gewartet und was sonst noch werden, aber nicht geführt. Wenn Führende ihre Mitarbeiter mit Maschinen gleichsetzen – die Maschine als Kollege – dann hört ihre Qualität genau dort auf, wo Leadership beginnt.

**4. Führungstipp: Image und Sinn vermitteln**

Prestige und Image, das ist nicht dasselbe. Prestige lässt sich durch einen beeindruckenden Dienstwagen, ein schickes Einzelbüro oder einen respektauslösenden Berufstitel herstellen. Prestige ist für die nachrückende Generation schon heute passé. Und schon bald wird das Verfallsdatum ganz überschritten sein. Mit dem Image ist das anders. Das Image einer Funktion bzw. einer Rolle innerhalb der Gesellschaft hebt die Wichtigkeit des Funktionsträgers hervor. Dabei kommt es weniger darauf an, ob man Autoschlosser oder Mechatroniker, Müllentsorger oder Fachkraft für Kreislauf- und Abfallwirtschaft ist. Das bleiben bloße Wortspielereien, solange damit nicht die Wertigkeit einer Aufgabe zum Ausdruck kommt. Nun kann ein einzelner Führender wenig dazu beitragen, in der Gesellschaft über Jahre entstandene Bilder zu ändern. Das wird sich nur über eine qualitative Mehrheit verändern lassen. Vor Ort, in seinem direkten Umfeld, kann ein Führungsverantwortlicher dagegen sehr viel dafür tun, das Image einer Funktion zu heben. Es kann keine unwichtigen Aufgaben im Unternehmen geben. Wenn doch, so stimmt etwas mit der Unternehmenssteuerung nicht. Image und Sinn einer Funktion liegen nahe beieinander. Menschen wollen anerkannt sein und sich auch am Arbeitsplatz selbstverwirklichen. Und hier kommt die Wertschätzung ins Spiel. Wertschätzung ist nicht, einem Mitarbeiter ab und zu mal zu sagen, wie „gut" man ihn findet. Solche Verallgemeinerungen sind nicht wertschätzend. Wertschätzung reduziert sich auch nicht auf Lob. Dagegen ist es sehr *wertschätzend*, wenn man nicht nur dem Mitarbeiter sagt, was einem seine Aufgaben *wert* sind, sondern darauf achtet, dass man sie durch unbedachte Formulierungen nicht *entwertet*. Wir müssen in der Kommunikation nicht nach den besten Formulierungen suchen, sondern darauf bedacht sein, die schlimmsten zu vermeiden.

**5. Führungstipp: Kreativität als Keimzelle der Innovation**

Auf eine Firma oder Organisation bezogen ist Kreativität eine Voraussetzung für Innovation. Auf das Individuum oder eine Gruppe bezogen nicht. Unter Kreativität wird eine *schöpferische Fähigkeit* verstanden, aus deren Kraft Ideen hervorgehen, die es bisher in der Form nicht gab. Das setzt Fantasie voraus. Unter Innovation ist die *Einführung* von etwas Neuem zu verstehen, eine Veränderung, die es bisher in der Form nicht gab. Das setzt Managementtalent voraus. Maschinen sind weder kreativ noch innovativ. Diese wichtige Rolle wird auf unvorstellbare Dauer dem Menschen zu eigen bleiben.

Führende müssen nicht kreativ, wohl aber innovativ sein. Von besonders kreativen Führenden geht im Gegenteil sogar die Gefahr aus, dass sie die Kreativität ihrer Mitarbeiter zu wenig fördern oder erst gar nicht zulassen, weil sie sich zu sehr im Lichte der eigenen Kreativität sonnen und so die Ideen der Mitarbeiter abschatten. Führen heißt auch in diesem Punkt, andere wirken lassen und dieses Wirken geschickt koordinieren. Vielerorts ist zu beobachten, dass in Firmen der Ruf nach neuen Ideen unüberhörbar ist und gleichzeitig viel dafür getan wird, den Sprössling einer Idee mit Argumenten platt zu treten. Das ist der Fall, wenn die Ideen der Kreativen zu früh (negativ) bewertet werden. Daraus entsteht im Laufe der Zeit ein Frustklima, das zwangsläufig zur Ideenarmut führen muss. Oft wird die kreative Erstleistung mit der nachfolgenden innovativen Leistung verwechselt. Am kreativsten ist das, was möglichst viele empört, weil sie es für „absolut unmöglich", „praxisfremd", „Quatsch" halten. Führende sollten wissen, dass je mehr sich das Umfeld gegen eine Idee aufbäumt, umso ernster sollte man sich mit ihr auseinandersetzen. Ob sie (innovativ) auf den Weg zu bringen ist, das sollte später geprüft werden.

## 6. Führungstipp: Orientierung, Vertrauen, Verantwortung

Führende vom alten Schlage waren Besserwisser, Besserkönner, Bessermacher. Sie verwechselten Orientierung mit Anweisung oder Anordnung. Es kursierten Sprüche wie „Vertrauen ist gut, Kontrolle ist besser." Das funktioniert schon heute nur noch schlecht und wird in Zukunft überhaupt nicht mehr funktionieren. Stattdessen wird die bewusste Teilung von *Funktion* (Computer, Roboter) und *Rolle* (Menschen) immer wichtiger. Maschinen brauchen keine Orientierung, sondern Programmierung. Je komplexer und instabiler das Arbeitsumfeld, umso wichtiger wird es, Mitarbeitern genau die Orientierung zukommen zu lassen, die sie benötigen, um sich in ihrer Rolle sicher zu fühlen.

*Orientierung* geben Führende am besten damit, dass sie ihren Mitarbeitern die Informationen geben, die diese brauchen, um mit dem, was von ihnen verlangt wird, gut zurechtzukommen. Wenn mit Mitarbeitern Ziele abgestimmt werden, sollten Führende (den entsprechenden Reifegrad beim Mitarbeiter vorausgesetzt) darauf *vertrauen,* dass Mitarbeiter wissen, wie sie diese Ziele in Aufgaben umzusetzen haben. Maschinen kann man nicht *vertrauen.* Man kann sie nur in einer solchen Qualität herstellen oder einkaufen, dass sie möglichst lange möglichst fehlerfrei funktionieren. Menschen muss man vertrauen. Auch wenn sie Fehler machen. Man muss ihnen die *Verantwortung* mit allen Vorteilen, aber auch Verpflichtungen schmackhaft machen, wenn sie nicht ohnehin schon danach lechzen. Zur Verantwortung gehört auch, aus Fehlern eigenständig zu lernen oder sich rechtzeitig zu melden, wenn irgendetwas nicht so umsetzbar scheint, wie es abgestimmt wurde.

**7. Führungstipp: Empathie als Radar der Führung**

Seelenlosigkeit in Unternehmen gibt es seit den Anfängen der Industrialisierung. War es damals der Lärm in den Produktionshallen, der Gespräche so gut wie unmöglich machte, ist es heute die immer knapper werdende Zeit. Technik braucht Schmiermittel und Verdrahtungen. Menschen brauchen das auch. Nur eben in anderer Form. Je mehr Führende sich für ihre Mitarbeiter interessieren, mit ihnen auf Tuchfühlung gehen, sich ein Bild davon machen, was diese denken und fühlen, um so „betriebssicherer" können sie führen. Je mehr Technik zum Einsatz kommt, umso wichtiger wird das Gegengewicht der Menschlichkeit. Und diese basiert nun einmal auf Emotionen. „Emotionale Intelligenz" ist ein großes Wort, das sich im Alltag auch eine Stufe bescheidener umsetzen lässt, damit der Laden wie geschmiert läuft. Jeder Mitarbeiter weiß, was er von seinem Chef braucht, um sich wohlzufühlen. Aber nur die wenigsten sagen es ihrem Chef.

Die Gefühlswelt der Mitarbeiter ist nur solange eine verschlossene Grabkammer, wie Chefs das Feuer der Gefühle mit dem Schaum der Sachlichkeit zu löschen versuchen. Wir müssen in den Firmen weg von dem theoretischen Denken, wie Führung idealerweise sein müsste, weg von immer wieder neuen Führungsmodellen oder -theorien, hin zu einer Führungspraxis, in der Mitarbeiter sich wiederfinden und gut aufgehoben fühlen. Niemand kann den Führenden besser in Sachen Führungsqualität beraten als der Geführte. Er weiß schließlich was ihm fehlt und was zu viel für ihn ist. Die Maschine als *Kollege* des *Menschen* zu bezeichnen, ist ein Angriff auf Wert und Würde eines jeden Mitarbeiters. Von der *stets offenen Tür* zu sprechen, und dann, wenn davon Gebrauch gemacht wird – oder überhaupt in Gesprächen – nicht zuzuhören, den Mitarbeiter bei jeder Gelegenheit zuzutexten, ist das Paradoxon der Führung schlechthin. Maschinen sind diesbezüglich vollkommen anspruchslos. Das ist ein Grund mehr, den Ansprüchen der Mitarbeiter Rechnung zu tragen, zumal das positive Auswirkungen auf die Leistung der Mitarbeiter hat. Auch sollten Mitarbeiter nicht nur die Werte ihres direkten Chefs kennen. Umgekehrt ist es ebenso wichtig: Chefs sollten die Werte ihrer Mitarbeiter kennen. Das setzt natürlich eine gewisse Offenheit im Umgang miteinander voraus. Es ist zudem eine Frage des Vertrauens.

**8. Führungstipp: Chancen und Gefahren des Vernetzens**

Schon heute bietet uns das Internet nahezu jede Möglichkeit, sich mit anderen zu vernetzen. Dem Vorteil der unbegrenzt möglichen Kontaktanbahnungen steht der Nachteil der anonymen Blässe gegenüber. Mit zu vielen Kontakten online, zum Beispiel über Xing, LinkedIn oder Facebook, vernetzt zu sein heißt, mit niemandem bekannt zu sein. Beziehungen, auch die in sozialen Netzwerken, rufen geradezu nach Pflege, Individualität im Umgang, Wahrnehmen des anderen,

Eingehen auf dessen Themen. Besonders Manager – aber nicht nur diese – haben oft ein starkes Sendebewusstsein. Man will sich zeigen. Man will Botschaften unters Volk bringen. Man will auf sich aufmerksam machen. Wenn das alle wollen, kommt am Ende nichts dabei heraus. Zumindest bleibt das auf der Strecke, was der ursprüngliche Zweck des Ganzen war: andere kennenzulernen.

Auf das Ergebnis kommt es an. Bei allem, was wir in der Wirtschaft tun. Doch erfolgsentscheidend sind heute mehr denn je Offline-Kontakte. Sich treffen, sich Zeit nehmen, persönlich miteinander umgehen. *Beziehung* heißt, sich aufeinander zu beziehen. Was für die direkte Führung von Chef zu Mitarbeiter gilt, gilt in verstärktem Maße für die *indirekte* Führung jenseits von Hierarchie und Einordnung.

# Die Re-Inferenz-Methode oder die andere Art des Planens

7

Es ist unnütz, sich etwas vorzunehmen und es sodann nicht konsequent umzusetzen. Unnütz deshalb, weil Zeit und oft auch Geld investiert wird, ohne ein Ergebnis vorzeigen zu können. Manager haben wenig Zeit. Leader haben wenig Zeit. Auch Mitarbeiter haben immer weniger Zeit. Zeit ist ein knappes Gut im geschäftlichen Treiben. Und trotzdem erlauben wir uns einen (meist unbewussten) oberflächlichen Umgang mit der Zeit. Es gibt viele im Alltag lauernde Zeitfresser. Einer davon heißt *falsche Planung*.

Was kann falsch sein an Planung? Zum Beispiel die Methode, wie wir es anpacken. Wir denken im Allgemeinen von vorne nach hinten. Warum eigentlich? Der Tag beginnt mit dem Morgen und endet mit dem Abend. So haben wir es gelernt. So wenden wir es an. Und meistens verläuft der Tag so, dass wir am Abend viel getan, aber nicht alles erreicht haben, was auf dem Plan stand. Auch Firmen planen und verfehlen ihren Plan. Im Hoch- und Tiefbau gehört es beinahe zur Normalität, Budget- und Zeitpläne nicht einzuhalten. Allerdings gibt es rühmliche Ausnahmen. Beim Bau einer zweiten Sankt Gotthard Röhre war es anders. Bei exakter Einhaltung der Zeit- und Budgetplanung wurden von 1993 bis 2016 insgesamt 153 km Tunnel, Stollen und Schächte erstellt. Hier lieferten Bauträger und Subunternehmen eine wahre „Meisterleistung" in Sachen Zuverlässigkeit beim konsequenten Einhalten von Planung. Oder war es doch eher nur das, was man von Meistern ihres Fachs – von Könnern also – auch mindestens erwarten kann?

Verbindliche, konsequente Umsetzung dessen, was wir uns vorgenommen haben oder als unersetzlich wichtig einstufen, ist die beste Methode, so wenig unnütze Zeit wie möglich zu verschwenden. Dazu bietet sich die *Re-Inferenz-Methode* als wichtiges Hilfsmittel an. *Inferenz* drückt das aufbereitete Wissen aus, das aufgrund von logischen Schlussfolgerungen gewonnen wurde.

© Springer Fachmedien Wiesbaden GmbH 2018
W. Saaman, *Leistungskultur im Fokus der digitalen Transformation,*
essentials, https://doi.org/10.1007/978-3-658-19796-4_7

*Re-Inferenz* beschreibt ein Vorgehen, das darin besteht, sich zunächst vorzustellen, was zu einem bestimmten Thema an einem bestimmten in der Zukunft liegenden Tag erreicht sein soll. Wenn das fixiert, also als richtig bedacht eingestuft wurde, so kommen ab da die logisch-schlussfolgenden Sprünge rückwärts über einzelne Zeitetappen. Auf dem festen Sockel der Verbindlichkeit wird nun festgelegt, welcher Schritte, Maßnahmen, Hilfsmittel, Ressourcen es bedarf, um auf den Ausgangspunkt – jetzt zurückgerechnet – zu kommen. Der Unterschied zur gewöhnlichen Art des Planens ist immens. Oft bedenken wir beim Planen von vorne nach hinten nicht die Hürden, die sich einem in den Weg stellen und kurz vor dem Ziel alle Vorhaben zunichtemachen können. Im Falle der vollen Digitalisierung eines Mittelstandsunternehmens ist es wichtig, schon heute zu wissen, was bis wann wie erreicht sein muss (nicht *sollte,* nicht *könnte*).

Wer als Manager oder Leader Anregungen aus diesem *essential* umsetzen möchte, kann das nach der Re-Inferenz-Methode wie folgt tun:

1. Klären, was sich für die Umsetzung im Unternehmen anbietet
2. Bei jedem ausgewählten Thema festlegen, bis wann dieses Realität sein soll
3. Mittels Szenario (gedanklicher Sprung zu einem fixen Zeitpunkt der Zukunft) prüfen, wie das Thema realisiert sein wird; sich dabei so tief wie möglich in die in der Zukunft liegende Situation hineindenken
4. Ab jetzt rückwärts gedacht die wichtigsten Etappen festlegen, die bis wann wie erreicht sein müssen, um aus dem Szenario Realität werden zu lassen
5. Vom Zeitpunkt heute bis in die Zukunft prüfen, ob alles bedacht wurde (was, wie, wer, wann?)
6. Sicherstellen, dass Zielzeitpunkt und Thema von jetzt an verbindlich bleiben

# Was Sie aus diesem *essential* mitnehmen können

- Maschinen und Menschen werden niemals Kollegen oder Konkurrenten werden. Die Robotik übernimmt keine Verantwortung. Der Mensch ist nicht programmierbar. Somit wird die Robotik als wertvolles Werkzeug des verantwortungsvoll handelnden Menschen innerhalb der Prozesskette für Leistungssteigerung sorgen, während der Mensch seine Steuerungsprofessionalität erhöhen muss.
- Wer die Zukunft mitbestimmen will, braucht dazu eine ausgeprägte Denkbeweglichkeit und Aufgeschlossenheit gegenüber jeder Form von Veränderung. Das Zusammenspiel zwischen Maschine und Mensch wird neue, heute nur vage vorstellbare Dimensionen mit sich bringen. Menschen müssen sich schneller als bisher an neue Rollen gewöhnen. Das führt zu einem neuen Verständnis von Führungs- und Handlungsverantwortung.
- Führung per Aufgabe oder Vorgabe wird es in der neuen Welt nicht mehr geben. Umso mehr gilt es, zwischen Management und Leadership zu unterscheiden. Wir werden Managementaufgaben (Analyse, Prozesse, Ergebnisbewertung) in Zukunft weitestgehend auf Maschinen übertragen können. Bei Leadership sieht das vollkommen anders aus. Leadership ist Arbeit an und mit Menschen und wird damit auf Maschinen nicht übertragbar sein.

© Springer Fachmedien Wiesbaden GmbH 2018  
W. Saaman, *Leistungskultur im Fokus der digitalen Transformation,*  
essentials, https://doi.org/10.1007/978-3-658-19796-4